北京语言大学国际汉语教学研究基地重点项目成果丛书

国际汉语教学
读写教学方法与技巧

总 策 划：崔希亮　王路江
总 主 编：迟兰英
分册主编：翟　艳

INTERNATIONAL CHINESE TEACHING
Methods and Techniques for Teaching Reading and Writing

田 然 著

图书在版编目（CIP）数据

读写教学方法与技巧 / 田然著 . — 北京：北京语言大学出版社，2014.2（2022.2重印）

（国际汉语教学）

ISBN 978-7-5619-3771-6

Ⅰ . ①读… Ⅱ . ①田… Ⅲ . ①汉语—阅读教学—对外汉语教学—教学法 ②汉语—写作—对外汉语教学—教学法 Ⅳ . ① H195.3

中国版本图书馆 CIP 数据核字（2014）第 024854 号

书　　名：	读写教学方法与技巧 DU XIE JIAOXUE FANGFA YU JIQIAO
责任编辑：	徐雁
责任印制：	周燚

出版发行：	**北京语言大学出版社**
社　　址：	北京市海淀区学院路 15 号　　邮政编码：100083
网　　址：	www.blcup.com
电　　话：	发行部　010-82303650 / 3591 / 3651 编辑部　010-82303647 / 3592 / 3395 读者服务部　010-82303653 / 3908 网上订购电话　010-82303668 客户服务信箱　service@blcup.com
印　　刷：	北京市金木堂数码科技有限公司
经　　销：	全国新华书店

版　　次：	2014 年 3 月第 1 版　　2022 年 2 月第 6 次印刷
开　　本：	787 毫米 ×1092 毫米　　1/16　　印　张：11.5
字　　数：	194 千字
书　　号：	ISBN 978-7-5619-3771-6 / H · 14015
定　　价：	50.00 元

凡有印装质量问题，本社负责调换。电话：010-82303590

总 序

北京语言大学国际汉语教学研究基地是国家汉办首批建立的汉语国际教育十大研究基地之一，2009年4月3日正式揭牌成立。这个基地依托于北京语言大学汉语速成学院，整合了全校汉语国际教育资源，并与海内外专家学者合作，共同研究汉语国际教育的新方法和新理念，为孔子学院建设提供教学资源。基地建设的总目标是在总结既有经验的基础上，创新教学方法，解决"汉语难学"的瓶颈问题，为不同人群、不同层次、不同要求、不同目的学习者提供合用的教材和教学法，为海外孔子学院和孔子课堂提供相应的教学模式。基地建设的具体目标是完成"五个一"项目的建设，即一种教学模式、一套教材、一个教学资源包、一批种子教师、一个模拟国外实景教学实验中心。今年适逢北京语言大学建校50周年，研究基地的同事们完成了4部语言要素教学指导用书，3部语言技能教学指导用书，1部新教学法实验报告集和1部新汉语速成教学教材。现在这些研究成果即将付梓，为此我感到高兴。我相信这对于汉语国际教育的课堂教学来说是一种实在的贡献。

北京语言大学作为一所以对外汉语教学、汉语国际教育和推动"中华文化走出去"为主要任务的国际型大学，与海外11个国家的16所大学合作建设了16个孔子学院，教学规模不断扩大，教学方法不断改进，积累了许多宝贵的经验。这些宝贵的经验离不开北京语言大学50年的历史传承。学校自1962年独立建校以来已经为世界180多个国家和地区培养了13万多名懂汉语、了解中国社会和历史、熟悉中华文化的专门人才，个中甘苦不足为外人道也。2005年，我校汉语速成学院"对外汉语短期、速成、强化教学体系建设"荣获高等教育国家级教学成果二等奖，荣获北京市高等教育优秀教学成果一等奖。在几十年的教学实践中，我们创设的对外汉语短期、速成、强化教学体系可以为"汉语国际教育"搭建教学平台，为海外孔子学院提供标准化、规范化的教学模式，并针对不同地区、不同人群的特点、不同的教学内容和不同的教学需求提供多种教学实施方案。我校承担的国家汉办项目、孔子学院主体教学模式——"长城汉语"多媒体教学系统及整套教材，已在海外100多所孔子学院和国内40多所高校和教育机构推广使用。学校拥有多个与汉语国际教育相关的高水平研究机构，对外汉语研究中心是教育部人文社会科学重点研究基地，北京语言大学出版社及其汉语教材研发中心是中国唯一一家以研发并出版汉语第二语言教学所需的各类教材及理论著作为主的专业出版机构，目前已经出版发行教材和教学工具书3500多种。在这样的背景下，研究汉语国际教育的教学模式、教学法和教材具有得天独厚的优势。

即将与读者见面的4部语言要素教学指导用书内容涵盖了语音教学、词汇教学、语法教学和汉字教学四个方面，3部语言技能教学指导用书涵盖了综合技能教学、读写技能教学和听说技能教学三个方面。这些教学指导用书的背后是新的教学理念和教学法。即将面世的新汉语速成教材《我和你》旨在体现全球化背景下的人际交流与互动。编写组充分调研并直接针对汉语国际推广的特殊需求与特定要求，深入挖掘海外汉语教育的个性化特征以及海外孔子学院的教学特点与教材需求。一部好的教材必须经受时间的检验。教师是否喜欢、学生是否喜欢是评价一部教材是否成功的客观标准。但愿这部教材能够经受时间的考验，在使用中不断完善修订。

汉语国际教学有许多值得研究的课题，而汉语国际教学研究基地的任务是相当明确的。目前，汉语国际教学资源包的建设还没有完成，海外调研的工作任务还很艰巨。希望研究基地的各位同人再接再厉，以优异的成绩迎接汉语国际教育的明天。

崔希亮

2012年12月

前 言

　　本书尽可能地吸收目前相关教学、教学法领域的研究成果，依据国家汉办《国际汉语教学通用课程大纲》、《国家汉语能力标准》中关于读写的相关规定，对初级阶段读写教学技能详细地进行了描写、分类、归纳、总结。

　　《国际汉语教学通用课程大纲》（下简称《大纲》）参照国际认可的语言能力标准，从跨文化语言教学的角度，吸收了现阶段国际汉语教学的成果与经验，对典型的汉语语言知识、文化知识等教学内容进行了梳理。

　　依照《大纲》，国际汉语教学课程的总目标是使学习者在学习汉语语言知识与技能的同时，进一步强化学习目的，培养自主学习与合作学习的能力，形成有效的学习策略，最终具备语言综合运用能力。

　　《大纲》对语言综合运用能力进行了说明。语言综合运用能力由语言知识、语言技能、策略、文化意识四方面内容组成。其中语言知识和语言技能是语言综合运用能力的基础；策略是提高效率、促进学习者自主学习和发展自我能力的重要条件；文化意识则是培养学习者具备国际视野和多元文化意识，更得体地运用语言的必备元素。

　　《大纲》将汉语水平分为五个等级，并制定了相应的目标及内容，包括如下几个方面：一、目标；二、语言知识；三、语言技能；四、策略；五、文化意识。

　　《大纲》给出了汉语教学话题及内容举例表、中国文化题材及文化任务举例表、常用汉语语法项目分级表、常用汉语800字表、常用汉语1500高频词语表等。

　　因此，我们以《大纲》为根本，使用《大纲》中的语法项目、句式、高频词语、教学话题等，努力结合中国文化内涵，依托读写教学理论，力求将传统教学方法与最新科研成果相结合，依据汉语学习者的水平，循序渐进地、富有针对性地介绍初级阶段读写教学方法与技能，以期对对外汉语教师起到参考作用。

　　初级阶段的读写能力基本对应《大纲》中的一、二级水平。

目 录

第1章 读写技能训练的理念与原则 ... 1

第1.1节 读写技能训练的理论阐释 ... 2
- 1.1.1 阅读理解是一种语言输入 ... 2
- 1.1.2 阅读理解是一种高级复杂的认知行为 ... 3
- 1.1.3 汉语阅读教学的重要任务 ... 4
- 1.1.4 阅读后需要进行写作能力的训练 ... 6
- 1.1.5 写作是更为复杂的书面交际能力 ... 7
- 1.1.6 写作教学的任务 ... 8

第1.2节 读写训练的原则 ... 9
- 1.2.1 从输入到输出的总体原则 ... 9
- 1.2.2 以学生为学习主体的原则 ... 10
- 1.2.3 以教师为掌控主体的原则 ... 11

第1.3节 读写技能训练的主要方式 ... 13
- 1.3.1 从读入手,先读不写 ... 13
- 1.3.2 读写结合 ... 13
- 1.3.3 写作的提升与能力拓展 ... 14

第2章 从读入手,先读不写的阅读训练 ... 15

第2.1节 理论依据与教学训练现状 ... 16
- 2.1.1 阅读优先教学法的理论依据 ... 16
- 2.1.2 阅读的相关理论 ... 17
- 2.1.3 阅读教学训练现状 ... 19

第 2.2 节　阅读技能的训练方法 ·· 22
　　2.2.1 阅读书面内容的训练 ··· 22
　　2.2.2 阅读实用图片的训练 ··· 37
　　2.2.3 阅读方式的训练 ··· 42
　　2.2.4 阅读环节的训练 ··· 53
　　2.2.5 阅读猜测能力的训练 ··· 59
　　2.2.6 阅读理解能力的训练 ··· 68

第 2.3 节　阅读教学中的几个要点问题 ······································ 72
　　2.3.1 教学难点 ·· 72
　　2.3.2 教学中要注意的问题 ··· 78

第 3 章　读写结合、读后写、以读促写的训练 ·································· 81

第 3.1 节　本教学法的理论依据与教学现状 ································· 82
　　3.1.1 基于"输入假设""输出假设"理论的阅读后
　　　　　模仿式写作 ·· 82
　　3.1.2 适用于初级阶段的写作教学理论 ·································· 84
　　3.1.3 写作教学现状 ·· 86

第 3.2 节　读后写内容的训练与评价标准 ····································· 88
　　3.2.1 "读后写"内容的训练 ··· 88
　　3.2.2 读后写的评价标准 ·· 89

第 3.3 节　"读后写"方式的训练 ·· 91
　　3.3.1 读后辨识圈写答案 ·· 91
　　3.3.2 读后抄写 ·· 94
　　3.3.3 读后仿写 ·· 98
　　3.3.4 读后按情境写 ·· 101
　　3.3.5 读后联想写 ··· 112
　　3.3.6 读后默写 ·· 114
　　3.3.7 读后填写 ·· 116
　　3.3.8 读后缩写 ·· 120

3.3.9 读后扩写 ··· 124
3.3.10 读后排序写 ·· 126
3.3.11 读图片后写 ·· 127

第3.4节 "读后写"环节的训练 ··· 132
3.4.1 阅读环节 ··· 133
3.4.2 范文的分析讲解 ·· 133
3.4.3 汉语写作知识的讲解 ·· 134
3.4.4 写作任务的导入讲解 ·· 135
3.4.5 学生进入写作实践 ·· 135
3.4.6 写后教师的任务 ·· 136

第3.5节 读写结合教学中的几个要点问题 ······························· 136
3.5.1 教学难点 ··· 136
3.5.2 教学中要注意的问题 ·· 141

第4章 写作能力的拓展训练 ··· 143

第4.1节 本教学法的理论依据 ··· 144
4.1.1 任务法写作 ··· 144
4.1.2 任务法写作与控制法写作的综合运用 ··························· 146

第4.2节 训练项目与方法 ··· 146
4.2.1 应用文写作 ··· 147
4.2.2 不同文体的写作 ·· 154

第4.3节 写作教学中要关注的篇章问题 ·································· 163
4.3.1 篇章中的省略问题 ·· 163
4.3.2 篇章中的语法问题 ·· 165
4.3.3 篇章中的词汇场问题 ·· 166

结　语 ·· 168

参考文献 ··· 169

后　记 ·· 171

读写技能训练的理念与原则

第1章

第1.1节 读写技能训练的理论阐释

随着汉语学习者数量的增加，我们迫切希望找到一种更有效的教学手段，尽快提高学生的汉语水平。其中，阅读与写作相对于听力与口语来说，又是学生相对薄弱的环节。然而，读与写是语言学习中两个重要的技能，读是输入，没有阅读输入，便没有词汇量的大幅扩展，便没有句式语法点的复习，便缺少了更广泛地了解中国社会文化的主要途径；写为输出，没有写作，便难以与人进一步交流，难以学以致用，难以化外在汉语知识为内在，难以将汉语在书面上为我所用。可以说，没有阅读和写作，只是会听说，便是文盲式的学习，很难将汉语学到一个融会贯通的高度。

阅读与写作，从输入与输出角度来说，两者结合紧密，不可分割。而面对广袤的汉语语料，我们如何训练阅读与写作，如何尽快提高学生的这两方面技能呢？我们先从基本理论上来了解一下阅读与写作。

1.1.1 阅读理解是一种语言输入

1.1.1.1 阅读是对语言符号的辨认和理解

阅读的过程主要是对语言符号的辨认和理解的过程。阅读语料的思想通过语言符号传达给读者，读者则对输入的一连串的语言符号，按照自己的认知能力，进行信息处理，加以理解、接收。这个过程，是作者和读者交流思想的过程，是读者理会作者的过程。

这种交流的媒介便是语言符号。读者通过语言结构的提示——如词形、词语、句法等——进行解码（亦即理解）。这个逐渐解码的过程，对汉语学习者来说，便是汉语字词、单复句、段落、篇章输入到阅读者头脑中的过程。同时，汉语所特有的表达方式、文体结构、社会文化常识等也输入到了学习者的头脑中，被储备起来。如果学习者较好地理解了作者的意图，那么，作者便完成了通过语言符号对读者的刺激，完成了思想的传递，读者也产生了相应的感知，完成了阅读这一交互行为。

1.1.1.2 阅读中的语言输入包括语言知识输入以及泛文化输入

这里我们所说的语言输入，不仅仅包括字、词、句、段、篇章，也包括阅读背后的历史文化知识以及篇章结构、逻辑形式等。因此，我们可以将阅读的输入分成两部分来看待：

语言知识的输入

伴随语言理解的泛文化输入

这种划分，会影响到教师日后的教学行为、教学方法，因为它首先影响到了汉语学习者对汉语的理解。

比如汉语的汉字部分，许多是形声字，如：

猪、狗、猫、狼

那么，在读到下面的文字时：

大山里，孩子刚打开门，就看见一只狐狸跑了进来。

学生在没学过"狐狸"一词时，也可以根据偏旁，大体判断是一种动物，还可以大致读出它的发音，这便是平时语言知识输入的结果。偏旁部首这是汉语表意文字特有的文字现象，是不同于英语、韩语等语言的。

再如文化方面的输入：

你怎么早就猜到了呢？真跟诸葛亮似的。

诸葛亮是中华文化中料事如神的代表，比喻先知先觉。学生在学习汉语的过程中，也掌握了常用的文化知识。这些文化知识的输入，是学生进入中高级阶段的基石。不通晓目的语国家的文化，是难以达到对语言的精通的。

我们在后面的阅读技能训练中，力求将这两方面的输入结合起来。

1.1.2 阅读理解是一种高级复杂的认知行为

阅读是一个认知和言语交际的过程，也是极为复杂的生理、心理过程。这一过程的完成要求阅读者利用逐渐掌握的阅读知识、技能，对作者通过语言符号表达的意图进行理解分析，使这些符号意义内化，从而达到理解作者思想的目的。在这一行为过程中，读者以来自书面符号的视觉信息做为提示和指引，充分调动头脑中已有的背景图式、知识图式，通过判断、分析、比较、联想、推理、预测等认知行为，进而构造出词语、句子、段落、篇章的意义，决断出全文的观点。

1.1.3 汉语阅读教学的重要任务

1.1.3.1 国家汉办《大纲》中初级阶段（一级）阅读的教学目标与技能要求

初级阶段阅读的教学目标是什么呢？根据中国国家汉办《大纲》，一级目标是这样的：

语篇方面能"学会抓主干，并尝试通过修饰和限定成分，理解简单句子的基本内涵。能领会书面语篇章所表达的简单的思想感情等"。

文化方面能"初步体验中国文化最基本的组成部分。初步体验中国文化中的物质部分，如食品、服装等。初步了解中国的简单交际礼仪与习俗等"。

针对初级（一级）阶段"阅读单项技能"，大纲也给出了不同的训练内容与要求：

能识别拼音和课堂所教授的基本汉字、词语、数字、个人信息等。其中包括：

能识别拼音并借助词典使用拼音查找汉字；

能大体识别与个人及日常生活密切相关的简短信息类材料中的特定信息；

能基本看懂一般社交场合中最常用的问候语和感谢语；

能大体理解日常生活中最常见的字词和数字；

能借助图片等大体理解最常见的、明显的指示语和标志。

1.1.3.2 国家汉办《大纲》中初级阶段（二级）阅读的教学目标与技能要求

二级目标是这样的：

在教师的指导下，感知中文和母语语篇行文思路的差异和共性。

在教师的指导下，初步理解或领会口语和书面语篇章所表达的一般思想感情……初步体验中国文化、艺术、节日庆祝等。初步了解所在国和中国在文化教育方面的发展和成就等。

二级阶段阅读单项技能是这样的：

能认读规定的基本汉字、词句及简短的文字材料和学习要求，并能从简短的文字材料中获取相关信息。其中包括：

能识别个人和日常生活中常见的简短信息类材料中的主要信息；

能基本认读和理解常见社交场合表示问候、感谢或邀请类的简短材料；

能猜测含有熟悉字词的日常生活中的一些标识及简单说明性材料的内容；

能大体看懂简单的便条、通知或表格；

能在格式固定、清楚熟悉的简短材料中查找到特定信息。

1.1.3.3 对《大纲》中阅读教学的理解——提高听说读写中"阅读"的技能

有了前面《大纲》对阅读目标、技能的基本定义，下面我们再来扩展开，谈谈我们对初级阶段阅读教学的操作与理解。

零起点水平的学生，在语音阶段，教师主要是训练学生根据拼音能识字、辨字、认读字词的能力。随着学习的进展、学生水平的提高，可以侧重训练学生对汉语的字义、词义、句义的理解能力。在学生的词汇量达到一定数量后，可以阅读简单的短文。短文阶段是阅读的提高阶段，这一阶段应侧重于对段落、篇章大意的理解能力以及概括能力。同时，还必须使学生掌握一些必要的阅读技巧，包括如何根据偏旁部首猜测字义、词义，如何提炼关键词语与作者观点，如何找主要事实和特定细节，如何进行判断推理等。

毋庸置疑，阅读是提高学生词汇量，增加对中国社会、文化、历史了解的一个广阔的窗口。如果学生能进行大量的中文阅读，那么，他的听力、口语、写作、语法结构的能力都会随之大幅提高。可见，阅读教学十分重要，对相关听、说、写技能的提高也功不可没。因此，如何用较少的时间较快地提高学生的汉语阅读能力，提高学生阅读技巧，做到事半功倍，是我们汉语教育者要深刻探究的一个课题。

学习者的汉语阅读能力包括几个方面呢？

有大致如下三个方面的内容：

首先是以汉语言社会和中华文化为背景的社会百科知识，这是其阅读的大语境、大背景；

其次是汉语本身的内部语言知识，包括汉语的汉字偏旁表音表意性、构词法、句法、语义学知识以及篇章知识等；

第三是汉语篇章生成和组织规律的知识，包括篇章内部的衔接连贯构造方式和谋篇布局、篇章的文体风格差异性等。

这样，我们的阅读教学任务就十分清楚了。那就是：在众多的阅读教学内容下，更有效地提高阅读理解、阅读技能，让学生花较少的气力学到较多的内容。"读什么"、"怎么读"是我们汉语教师面临的艰巨任务，也是写作本书的成因之一。

1.1.4 阅读后需要进行写作能力的训练

前面谈了许多关于阅读的教学，我们主张，在阅读后要开始写作的训练。写作是什么？写作是书面形式的表达，是更为复杂的语言输出。写作者能有效地表达自己的观点，有效地组织语言，组织篇章结构，运用复杂的语法句型突出表述重点，准确选择词语句式，以完成自己主题的表达，这一过程便是写作。

在汉语作为第二语言教学中，大多数教学机构经常是在学生汉语学习的中高级阶段开始设置写作课，我们认为，"写"在初级阶段就有训练的必要。尽管初级是从写字开始，还不是严格意义的"写作"，但我们逐渐会过渡到写词语、写句子、写段落，直至写严格意义的作文（写作）。

1.1.4.1 初级阶段"写"能力训练的必要性

在初级阶段，我们认为，汉语的"写"的教学便应该介入了，而且必须从汉字入手。辨识、学习、阅读大量汉字后，便进入书写汉字阶段，扎扎实实打好基本功，这样才能进入真正意义上的读和写，为进入更高的水平做好铺垫。正因为如此，也就更需要建立科学有效的教学体系，从初级阶段开始，将读、写等语言技能在教学中有机地结合起来。

往长远看，在较高水平的语言测试中，都有写作方面的测试，而我们目前的课程设置却严重缺乏写作及"写"的课程,不少学生尤其是一些华裔,在学校、家里单纯学习听说,几乎不会认字也不会写字,可是其听说能力已达到中高级水平。究其原因,就是读写在初级没有同步跟上。到中高级让学生现学习汉字,学习书写规则,这种书面语输出能力严重滞后于口语输出能力的现象,令学生十分苦恼,势必影响其整体的学习与自信心。这也是我们主张在初级就进入"写"的原因。

学生在经过了基本的汉字仿写、抄写、词汇量积累到一定程度后,便可以从"写字写句"进入到较高的"写作"阶段了。

1.1.4.2 写作者要具备的能力

综合地看,写作者要具备哪些能力呢?

其一是严谨的思维能力。作为第二语言学习者,可以说这一能力与其母语能力密切相关,与其智力水平、文化程度不可分割;

也有语言运用能力。主要指学习者对第二语言的词语、句法、句式等的整合能力;

还有谋篇布局的组织能力。写作不同于口语表达,是固定在书面上的文字,没有面谈时的更正、解释、补充机会,读者只能凭借文字资料来与写作者交流,因此,要求更高的整体谋篇能力。

教学中,我们尤其要关注提高的是后面两种能力。这两种能力的改善与阅读语料的输入关系密切。

因为写作本质上是阅读后的一种语言输出,所以,我们主张读写要结合起来。"读"可以是"写"的模仿对象,是"写"的素材来源,也可以是"写"的框架组合的参照。读写结合不但符合认知规律、语言学习规律,也切合我们现今的教学现状。

1.1.5 写作是更为复杂的书面交际能力

第二语言教学的直接目的是培养学习者的目的语交际能力。因为语言交际有口头交际和书面交际两种方式,所以只有既能进行口头交际,又能进行书面交际,才算具备了完备的第二语言交际能力。

由于书面语基本上可以涵盖大部分口语表达的词汇及语言形式，书面语对语言运用、结构组织等方面要求自然更加严谨，形式更加规范，表达更加得体，因此，书面语表达能力是更高级的语言能力。同时书面语也是另一重要技能"说"——口头成段表达的准备和基础，是口头表达的综合与总结。没有书面语"写"的练习，到了一定阶段，学习者的汉语水平的提高势必会受到严重影响，一篇优秀的演讲是绝对离不开完备的书面准备的。因此，我们说书面表达是促进汉语口语提高的重要一环，也是衡量学习者整体语言能力的重要标准。汉字的特点更昭示了写作是更为复杂的语言能力。

1.1.6 写作教学的任务——从提高写字、写词语入手到训练写作技能

1.1.6.1 国家汉办《大纲》中初级阶段（一级）写作的教学目标与技能要求

初级阶段《大纲》中"写"的单项技能要求是什么呢？一级"写"的单项技能是：

能模仿写出课堂所教授的规定的基本汉字，书写基本正确，能用拼音写出简单的词句。其中包括：

能用正确的笔顺抄写汉字；

能填写最基本的个人信息，如姓名、国籍等；

能书写学过的最简单的日常生活用语和日期、时间、数字等；

能正确书写社交场合中的简单用语，如贺卡上的祝福语等。

1.1.6.2 国家汉办《大纲》中初级阶段（二级）写作的教学目标与技能要求

二级"写"的单项技能要求是：

能默写规定的基本汉字，掌握笔顺和笔画，能写出一些自己造的句子。其中包括：

能用简单的词语填写、表达与个人生活密切相关的信息；

能用简单的词语或句子表达感谢、道歉、祝贺、告别等简单信息；

能记录、填写或抄写与家庭或个人生活密切相关的基本信息；

能用书面的形式简短回答与个人生活密切相关的简单问题。

1.1.6.3 对《大纲》中写作教学的理解——提高听说读写中"写作"的技能

写作教学到底要写些什么呢？我们认为，"写"对汉语学习者来说，是指运用汉语语言文字、运用汉语词语熟语、运用汉语语法知识进行书面表达的能力。包括书写汉字和单句、复句，书写段落、书写篇章并掌握组句成段的表述方法，掌握汉语书面表达的一般格式，等等。因此，"写"不仅仅是"写字"和"写作"，它应该是包含写字和写作在内的所有"书面表达"，比如写一张便条、一张警示标语等都是我们要教授的对象。

教学上，初级阶段先从"字"入手，包括辨识汉字、模仿书写汉字、学习偏旁部首基本知识、了解基本笔顺知识、标点符号知识等。遵循从字到句，从句到段，再从段到篇这个循序渐进的训练过程，遵循从简单到复杂的训练过程，遵循文体差异与学生水平相结合的训练理念，对学习者的写的能力进行系统训练，从而达到全面提高学习者汉语交际能力的目的。

既然写作涵盖面如此之广泛，写作内容如此之复杂，那么在教学中，教师就尤其要重视写作技能的挖掘，以期取得更佳的教学效果。

第1.2节　读写训练的原则

1.2.1 从输入到输出的总体原则

语言学习的基本规律是先输入后输出，所以，在训练中应坚持这样的原则：
输入为先原则
输入后输出原则

1.2.1.1 输入为先原则

通俗地讲，就是通过精读、略读等多种阅读方式，将语言知识输入到学生头脑中，内化成学生自己的东西。

1.2.1.2 输入后输出原则

在输入之后，通过控制法、任务法等写作训练方式，将内化知识输出，变成学生自己的写作"产品"，以达到语言交流的目的。

1.2.2 以学生为学习主体的原则

所有的教学过程，均应以学生为主体，以学生的实际水平、实际需要为依据。课堂教学语料的难度等级、趣味程度等，要与学习者的实际情况密切相关。事实上，学生的智力水平、生理条件、兴趣和个性等等无一不影响学生读写技能的提高，因此这就要求教师在进行读写教学中周到地考虑各种相关因素，以使得每个学生尽可能迅速地提高读写水平。

对水平较低的初学者，由于他们不能充分利用句法、语义等非视觉信息来源理解语料，而更多地依赖视觉信息、根据语言的表层结构和汉字的视觉排列来归纳意义，这就需要教师对学生读写的阶段性、语料的难易度特别关注，不能让不适合学生水平的读写教学伤害到学生的学习积极性。由此我们考虑针对学生应该注意这样几个原则：

1.2.2.1 学生的群体性原则

课堂上教师可以根据不同的语料特点、任务项目，采取不同的教学方法。有时可以组织学生群体活动，如分析一篇文章、讨论一篇作文的结构等。当然，这里尤为重要的是兴趣性原则。学习者对教师布置的阅读、写作任务是否能产生浓厚兴趣是教学成败的关键。教师可想方设法通过各种有趣的课堂活动、课堂运作技巧提高学生兴趣，使他们不仅要学，还要乐于学，从被动到主动，这也符合《大纲·情感策略》原则，即"培养学习汉语的兴趣和愿望"，"培养学习汉语的自信心"，使他们"愿意主动使用汉语交流或表达"。

为了培养学生的兴趣，教师应尽量减少学生觉得枯燥乏味的教学活动。当发觉学生注意力开始分散时，应注意形式和内容的适当变换及调整，使读写教学经常保持新鲜的感觉，这样才能调动学生群体的积极性。

1.2.2.2 学生的个体性原则

学生的个体差异是客观事实。学生个体间存在词汇量差异，语法掌握得好不好的差异，社会、历史、民族心理等文化知识的差异，智力水平高低的差异，情绪动机等情感因素的差异，比如对学习感到无聊或怀有抵触情绪，信心不足，动机不强，课堂上对教师或授课方法不满意等等，都会影响学生在学习过程中的不同表现。有人收效大，有人则学了就忘。教师要给学有余力的学生以表现机会，给水平低的学生抛出容易问题以资鼓励等。这些都需要我们一线教师掌握个体的特点，让学生具有"学习汉语的自信心"、"克服犯错误时的沮丧情绪"(《大纲·学习策略》)，从而制定更行之有效的教学对策。

无论是学生的群体性原则还是学生的个体性原则，其实归根结蒂是以学生为主体的教学原则。只有一切以学生的实际需要出发，才能真正做到让学生学有所得。

1.2.3 以教师为掌控主体的原则

以学生为主体并不意味着教师作用处于次要地位。课堂教学由教师支配和掌控，一切在教师的控制之下有目的地进行。这样，教学才能富有针对性，才能更顺畅地结合多种教学法进行。归根结蒂，才能更好地为我们的教学目的——学生学得好服务。

这里需要注意下面几项原则：

1.2.3.1 教师教学内容的针对性原则

教学内容是否针对学生的学习目的、水平、兴趣、学习环境、学习者的年龄、族群等等。

比如学习目的方面，有的学生学习是因为他是华人子弟，父母要求他（或出于自愿）要了解祖籍国的文化语言；有的为了通过所在国对中文系毕业生的要求；有的为了去中国旅行、工作；有的要从事关于中国的各项研究；也有的是出于对中国的好奇、关注、对历史文化的兴趣等等。

不同的目的,势必影响学生对上课内容的兴趣点的差异。如阅读课,有人喜欢读散文,有人喜欢读经济贸易、读国际关系,也有人为了实用,爱读地图、读图片。教师难以做到面面俱到,但应尽可能考虑多方面的需求。

年龄层次也是教师要考虑的因素。对儿童的汉语阅读教学与对公司高层管理者的教学自然会有很大的区别。儿童的低龄特点使他们更偏爱图片、卡通,偏爱兴趣盎然的语料;公司人员更关心中国的经济社会与国际贸易、国际关系等。

族群的不同、语言背景的不同也是教师要关注的。给那些华裔背景的、会说粤语或者闽南语的学生上课,和给非华裔背景的学生上课,在读写教学重点上便有所不同。比如给华裔学生不必阅读讲解太多关于"春节"、"饺子"的文化故事,而其他族裔则不同。

1.2.3.2 教师教学方式的综合性原则

主要表现在训练方式的综合性。如阅读中快读与查阅的结合、寻找关键句子与寻找作者观点的结合等;写作中控制法写作与交际法的结合、写句子与写段落的结合等。尤其是讲大的篇章时,教师应灵活掌握,将多种训练方式整合在一起进行,而不能某一种方式一用到底。没有一种训练方法是包治百病的。

1.2.3.3 教师训练内容的长远性原则

教师的训练要具有目的性、长远性。比如训练读词语偏旁,要跟下面的训练词语结合,跟句子阅读结合。写生词,也要归结到后面的写句子、写段落。教师的训练要有长远考虑,循序渐进,从容易到复杂,遵循长远性原则。

1.2.3.4 教师训练内容的实用性原则

教师的训练要具有实用性。比如对华裔儿童的阅读教学,学过"留言条"后,孩子回家能看懂妈妈的汉语留言了,这种交际性是否会极大增强儿童学习汉语的自信心与兴趣?再比如学过写"留言条"后,非汉字圈的西方学生可以给老师写个便条,表示他"病了,不能来上课了"。这种沟通目的的实现、学有所得、学有所用,是否能促进他进一步学下去?答案都是肯定的。

1.2.3.5 教师学生的协调性原则

教学不是一成不变的，教学过程、教学方式、教学内容等的运用，最后都需要教师与学生的协调来共同完成。比如辨识汉字的教学进行一段时间后，教师需要了解学生的需求与掌握情况，对该段时间的教学的满意度，之后来决定是延续前期的教学计划还是及时做出调整。既然学生是学习主体，那么我们的教学当然要在共同的协调合作中完成，双方的及时沟通会促进教学的良性循环。

第 1.3 节　读写技能训练的主要方式

1.3.1 从读入手，先读不写

前面谈到，语言学习应该是先输入，后输出。这里的输入表示阅读。所以，我们认为读写训练应该从读入手，给学生大量的语言输入，遵循"从读入手，先读不写"的训练步骤。

1.3.2 读写结合

读后要尽快进入到应用层面。怎么写，写什么，应与阅读的语料密切结合。在此，阅读既是学习新知识，也是为写作输入提供范本。受限于学生水平，尤其在初级阶段，更应遵循教师的安排，有控制地写作，否则，一些学生面对写作题目会表现得十分茫然，教师前期的阅读铺垫，会让教学更水到渠成。因此我们遵循"读后写"、"以读促写"、"读写结合"的训练方式。

1.3.3 写作的提升与能力拓展

经过基础的"读写结合"训练后,学生在初级阶段,汉字水平会有所提高,对汉语的书写规范、格式等有所掌握,词汇量、语法知识也有了一定的积累。在这些前期铺垫基础上,我们可以对不同的文体、不同的写作用途进行训练,以拓展学生的综合能力,提高写作综合水平。

从读入手，先读不写的阅读训练

第2章

第2.1节　理论依据与教学训练现状

2.1.1 阅读优先教学法的理论依据

语言学习的规律是输入先于输出。阅读与写作都属于书面语言范畴，阅读是读者对外界知识和信息的积累，通过大量阅读，"读者"才能建立起自己的信息模式，更全面地感知字、词、句、篇章的含义，基于此，"作者"才能更好地输出。从信息论角度来说，没有输入便没有输出。

"阅读优先"对写作的帮助有如下几个方面：

第一，阅读可以快速提高词汇量。

无论是阅读还是写作，词汇量的大小是决定阅读、写作能力高低的主要因素，足够的词汇量和快速辨认的能力是保证快速有效阅读的基础，而大量阅读则是扩大词汇量的重要办法。词汇量与阅读两者是相辅相成、水涨船高的。

第二，阅读可以尽快熟悉汉字、汉语句式、语法规则等。

学习者在综合口语等其他课型上学到的汉字、汉语语法等，可以通过相关的课外阅读来复习、巩固，通过课外阅读来拓展。

第三，阅读加深对篇章结构的把握。

成熟的阅读语料能提供严谨的文章模式，大量阅读会使得学习者加深对汉语表达方式的体会，会体会到中国人是如何写文章的。因为不同的语言文化，文章写作与谋篇布局存在一定的差异性。

第四，阅读能增进对目的语汉语的自然人文社会的了解，为写作提供更广泛的素材。

阅读语料不仅使学习者学习到了语言的内部知识，还能学到语料所传递的自然人文社会知识。一篇《北京城》会让学生大致了解北京的历史，名胜古迹等；

一篇《北京大学》也会让外国人因此对中国最著名的学府之一有个大体的把握。这些语料同时也无疑为写作提供了更广的素材与范本。

鉴于阅读的重要性，近几年，阅读教学作为对外汉语教学的一个重要组成部分，已越来越受到教学一线教师以及教学管理者的关注。

2.1.2 阅读的相关理论

2.1.2.1 阅读方式

（1）"自下而上"与"自上而下"的阅读模型

关于阅读方式，较为常见的是两种不同的甚至对立的方法。

学者高夫（Goudgh）提出了自下而上的阅读模型。他认为阅读是一个解码的过程，作者用文字、符号及一定的语法规则把自己想要表达的意思编成语码，读者则对语码进行解译。解译的过程是：读者从最小的单位———字母和单词（底层或下层）识别开始，逐步弄懂较大的语言单位———短语、分句、句子和整个语篇（顶层或上层）的意义。这种感知和理解方式就是自下而上的信息处理方式。

另一位学者古德曼（Goodman）则提出了自上而下的阅读模型。他认为"阅读是心理语言学的猜测游戏"，读者在阅读时，是从语篇的整体出发，利用背景知识去理解语篇的内容和作者的意图。

这两种方法都具备合理性，我们的精读、略读等教学方式便是在这两种理论指导下进行的。

上面主要谈的是语料操作顺序，具体到学生的真实的"读"，在有声、无声阅读方面可以采取声读、唇读和默读几种方式。

（2）声读、唇读和默读

声读指有声朗读，在初级阶段，为了断句、切分，或者在中高级阶段遇到长句、难句不好理解时，都可以采取声读的方式。以前曾有学生将"我的词典不在这里，你找钱清借吧"读成："我的词典不在这里，你找钱/清借吧"。由于句子切分出现问题，便理解成了"找钱"，句子的理解可想而知难以达成。这也便是部分教师采取"声读"的一个原因——看学生是否真的会切分句子、意群。

唇读指嘴唇嚅动的阅读。默读便是"看着读"，眼睛迅速滑过语料。

实验证明，声读最慢，唇读次之，默读最快。这是因为发音器官包括嘴唇的运动会影响阅读速度，学生读的方法与教师的训练项目要结合起来。

（3）字读、句读与行读

学生在阅读字数的视野控制上，有字读、句读与行读几种方法。

逐字阅读最慢，学生容易停留在对生词的辨识回忆上，生词、难点汉字成了羁绊，不利于整句理解和通篇理解。

句读较好，学生读完一个句子再来回想整句话的含义，但也会影响读速，妨碍更大的句群段落或篇章的理解。

还有一种是行读，整行阅读，这就需要提高学生的词汇能力、预测能力，扩大视觉幅度，对学生语言能力的要求相对较高。

我们可以在略读训练中，让学生养成默读、行读的习惯，对语料大致了解即可；在精读时，可以要求学生声读、字读、句读，这样教师可以掌控学生到底理解了多少。一般地讲，精读是要求学生完全理解语料的字词含义与篇章观点的。因此，学生的阅读方式，主要取决于教师课堂操作时所采取的阅读方法。

2.1.2.2 图式理论

图式理论强调读者知识图式在阅读中的作用，认为人是通过激活他们原有的相关图式来理解新信息的。阅读是作者的语言文字与读者头脑中已有的图式相互作用的过程，语篇或文本只是引导读者根据他们的已有的图式来重新获取或建构文本意义，达到阅读理解、构建新图式的目的。

图式阅读理论认为，决定阅读能力的主要有三种图式：语言图式、内容图式和结构图式。

（1）语言图式

语言图式是指读者对阅读材料语言的掌握程度，即词汇、句式、语法、习惯用语等方面的知识。

（2）内容图式

内容图式指读者对文章主题及背景知识的掌握程度。

（3）结构图式

结构图式则是指读者对文章体裁特点、文章层次、逻辑篇章等的了解程度。

在这三种图式中，语言图式对汉语学习者阅读理解的影响相对明显。我们都知道，如果一篇文章中读者不熟识的词语太多，句子太长，语法复杂，自然会影响读者对文本的理解程度。特别是汉语书面阅读中，词与词之间没有明显的标志，句子的各种成分之间有时也缺乏标志，因此，对外国学生来说，尤其对初级水平的学习者来说，断句、句子切分本身便是最先遇到的一个考验。这也便是控制阅读语料难度的理论基础。

那么到底什么样的难度合适呢？一般认为，以生词量在 5% 左右为宜，句子不宜太长，语法结构也不能超出阅读者水平很多。生词多少以及句子的长短是衡量语料难度的一个重要标准，当然，文化背景也在考量之列。

综合以上种种因素，针对初级水平学生，阅读当从汉字辨识、汉字认读、词语阅读、句子阅读开始，逐步扩展到段落阅读、篇章阅读。这里只是指阅读内容，在具体操作上，并不拘泥于这些顺序，后面将介绍的各种训练方法便遵循于此。

2.1.3 阅读教学训练现状

最近十几年，也是对外汉语教学高速发展的十几年。那么汉语阅读训练的情况怎么样呢？

2.1.3.1 目前影响范围较大的十本教材

对阅读训练的项目选择、写作者的阅读教学理念自然主要体现在其编撰的教材中。笔者对近十五年出版的、使用范围较广、影响较大的阅读教材（目前初级阅读教材非常缺少）进行了回顾，梳理出了目前我国对外汉语阅读教材的主要编写理念、技能训练重点，这样我们可以得到一个较为宏观的阅读教学轮廓，为今后阅读技能教学、一线教师的阅读研究提供参照。尽管其中多为中级教材，但在阅读练习方式、技能训练形式上，依然可以为我们初级教学提供参照。

十本教材见下表：

表1：教材情况表

次序	教材	编者	编者学校	时间	出版社
1	《汉语阅读技能训练教程》	吴晓露	南京师范大学	1992	北京语言学院出版社
2	《中级汉语阅读》	刘颂浩	北京大学	1997	北京语言大学出版社
3	《中级汉语阅读教程》	周小兵等	中山大学	1999	北京大学出版社
4	《汉语系列阅读》	沈兰	西安外国语学院	1999	北京语言大学出版社
5	《报刊阅读教程》	彭瑞情等	北京语言大学	1999	北京语言大学出版社
6	《新编汉语报刊阅读教程》	吴丽君	北京外国语大学	2000	北京大学出版社
7	《汉语阅读教程》	陈田顺等	北京语言大学	2003	北京语言大学出版社
8	《汉语阅读教程》中级本	傅亿芳等	复旦大学	2004	北京语言大学出版社
9	《发展汉语——高级汉语阅读》	罗青松	中国人民大学	2005	北京语言大学出版社
10	《汉语阶梯快速阅读》中级	幺书君	中国人民大学	2005	北京语言大学出版社

在此兼顾了纵向的时间轴（十五年，即从1990到2005年），以及横向的地域轴（从北京到广州），基本能够代表对外汉语阅读教材编写的主流观念。

2.1.3.2 目前阅读教材的训练形式

编者对阅读教学的训练重点、主旨的理解，主要是通过练习的设计形式反映出来的，也就是说要通过练习传递出如何进行技能训练的问题。下面是练习形式表：

表2：练习形式表

次序	教材	选词填空	完成句子	画线连词	判断正误	选择词语解释	句子理解	回答问题	选择答案	据偏旁猜汉字意义	词语猜测	抽取句子主干	词语互释	句子排序
1	《汉语阅读技能训练教程》				✓	✓		✓	✓	✓	✓	✓	✓	
2	《中级汉语阅读》	✓		✓	✓			✓	✓					
3	《中级汉语阅读教程》				✓				✓	✓	✓	✓		
4	《汉语系列阅读》	✓			✓			✓	✓					
5	《报刊阅读教程》	✓			✓		✓	✓	✓					✓
6	《新编汉语报刊阅读教程》	✓	✓	✓	✓				✓					
7	《汉语阅读教程》	✓		✓										
8	《汉语阅读教程》中级本	✓	✓		✓	✓			✓					
9	《发展汉语——高级汉语阅读》				✓	✓		✓	✓					✓
10	《汉语阶梯快速阅读》中级								✓					

　　从训练重点上看，选择答案（占有率为100%）、判断正误（90%）、回答问题（80%）是各家最钟爱的练习方式，也可认为是目前阅读教学中共通的、几乎必备的题型，偏重于阅读后的整体理解情况。

　　也有部分教材十分注重技能训练，练习中更注重阅读单项技巧的掌握，如根据偏旁猜测汉字基本义项、根据语境词语互释、词语猜测等，能让学生摆脱"见生词必查词典"的习惯，更能树立学生的篇章概念。

对这些通用教材的回顾，可以帮助我们在初级阶段采取更多元化的教学技巧、教学策略，可以对一线教师的教学提供借鉴作用。

第2.2节 阅读技能的训练方法

2.2.1 阅读书面内容的训练

2.2.1.1 读词语

初级阶段辨识汉字是基本教学任务。在词语中辨识"字"并将对"字"的识别与词语、句子结合起来较好，这样可以加深学生对字与词的关系以及词语本身的理解。

文本训练1 辨识：妈妈 号码 你好吗

教师解读偏旁：

女 + 马 = 妈（妈妈是女人，女旁）

石 + 马 = 码（本义是玛瑙，是石头做的，石旁）

口 + 马 = 吗（问话用口，口旁）

在学生理解之后，做填空练习：

（1）这是他的电话号_____。（A.吗 B.码 C.妈）

（2）那人是我_____。（A.吗 B.码 C.妈）

（3）你身体好_____？（A.吗 B.码 C.妈）

文本训练 2 辨识：几 儿 九

教师板书笔顺，让学生注意哪里出头儿（九），哪里分开（儿）。

在学生理解之后，做填空练习：

（1）你买_____本书？　　　　　　（A.几 B.儿 C.九）

（2）这个男孩是他的_____子。　　（A.几 B.儿 C.九）

（3）教室里有_____个学生。　　　（A.几 B.儿 C.九）

文本训练 3 辨识：邮局 游泳 我有书

教师解读偏旁："游泳"是有"水"的。

在学生理解之后，做填空练习：

（1）那是_____局。　　　　　　　（A.游 B.有 C.邮）

（2）我每天去_____泳。　　　　　（A.游 B.有 C.邮）

（3）我家_____三口人。　　　　　（A.游 B.有 C.邮）

文本训练 4 选择合适的字或词填空。

教师可以先请学生朗读括号中的字，并让学生简单组词，观察学生的掌握情况。如果学生基本能识读、组词，那么进行填空练习。注意：这种填空必须在学生能够识别的前提下进行。

（1）明天是_____天。　　　　　　（A.情 B.清 C.晴）

（2）北京的_____季最热。　　　　（A.下 B.夏 C.雨）

（3）_____天很凉快。　　　　　　（A.阴 B.音 C.银）

（4）北京一年有四个_____节。　　（A.机 B.季 C.极）

训练技巧与目的：

识别发音相同，外形、意义不同的词，如：A.下 B.夏 C.雨；

识别发音不同，但外形相似的词，如：A.几 B.儿 C.九；

识别发音相同，外形近似的词，如：A.情 B.清 C.晴；

识别发音相近，外形相近的词，如：A.吗 B.码 C.妈。

2.2.1.2 读单句

文本训练1 选择符合所给句义的句子。

就是让学生在读过主要句子后,在下面的选项中找出跟这个句子意思一样的解释。

(1) 北京一年有春、夏、秋、冬四个季节。（　　）
　　A. 北京一年有夏天和冬天
　　B. 北京一年有四个季节
　　C. 北京一年有春季、夏季和冬季

(2) 他是北京语言大学的留学生。（　　）
　　A. 他是学生
　　B. 他是中国学生
　　C. 他是大学的职员

(3) 王小姐是他妹妹。（　　）
　　A. 他是王小姐的哥哥
　　B. 他是王小姐的弟弟

(4) 六月到八月是北京的夏天。（　　）
　　A. 六月和八月是北京的夏天
　　B. 六、七、八三个月是北京的夏天
　　C. 七八月份是北京的夏天

这里展示的是结构简单的单句,每个句子主谓宾完整,训练目的是让学生复习所学的词语,如春季、夏季、秋季、冬季,巩固基本语法知识,理解简单句义。

文本训练2 找出和画线词语意思接近的一项。

学生在学习汉语时,有时会望文生义,那么让学生准确掌握该词语在这个句子中的含义,便是阅读教学的一项任务。

(1) 小人书是我小时候喜欢看的书。（　　）
　　A. 孩子们看的小漫画书
　　B. 小心看的书

（2）日子过得真快。（　　）

　　A. 时间　　　　　　B. 生活

（3）日子越来越好了。（　　）

　　A. 时间　　　　　　B. 生活

2.2.1.3 读复句

在初级阶段，学生接触的复句也比较简单，常见的是并列关系复句，或者转折复句、递进复句等。

文本训练 1　选择符合所给句义的句子。

就是让学生在读过复句后，在下面的选项中找出跟这个句子意思一样的解释。

（1）我学习英语，他也学习英语。（　　）

　　A. 我学习英语，他学习汉语

　　B. 我们都学习汉语

　　C. 我们都学习英语

（2）小王没有女朋友，小李也没有女朋友。（　　）

　　A. 小王和小李都没有女朋友

　　B. 小王和小李都没有朋友

　　C. 小王和小李都有朋友

（3）汽车到站，可是司机不停车，我很奇怪。（　　）

　　A. 我知道司机为什么不停车

　　B. 司机告诉我不停车

　　C. 我不知道司机为什么不停车

（4）王先生是上海人，在北京的一家电脑公司工作。（　　）

　　A. 王先生是北京一家电脑公司的职员

　　B. 王先生是北京人，在上海一家电脑公司工作

　　C. 王小姐是上海人，在北京一家电脑公司工作

文本训练2　选择复句的关联词语填空。

就是让学生在读过后,理解前后小句的逻辑关系,能正确找出相关词语,并符合所给句子的句义。

（1）王先生不但会说英语,_____会法语。(　　)
　　A.而且　　　B.无论　　　C.尽管

（2）王先生_____会说英语,还会法语。(　　)
　　A.不仅　　　B.无论　　　C.尽管

（3）小王_____春天夏天,都会运动。(　　)
　　A.而且　　　B.无论　　　C.尽管

复句练习前,教师最好讲解复习一下以前学过的复句知识、关联词语,让学生对关联词语熟记在心,这样才能顺利阅读完成练习。

2.2.1.4 读段落

段落训练包括这样几项:读后能辨识段落大意,寻找到段落的关键句子;寻找到段落中的主要信息;判断段落中句子的对错与否等。

文本训练1　读后辨识段落大意,寻找段落关键句子。

（1）这是我的朋友王小文。她是中国人,今年二十一岁。小文会说英文,也会说一点儿日文。她很喜欢唱歌,中文歌、日文歌,她都会唱。小文现在是北京大学的学生,她学美国历史,明年八月,她要去美国学习。

本段主要介绍的是:
A."我"的中国朋友王小文
B.王小文会唱日文歌
C.王小文要去美国学习

（2）那是我的日本朋友,他姓山口,名字叫千一,我们都叫他山口先生。山口先生在日本的时候是英文老师,他的英文很好。说中文的时候,他常常用一点儿英文。山口先生很会做饭,我们都很喜欢吃他做的饭。

本段主要介绍的是:

A."我们"喜欢吃山口做的饭
B.山口是英文老师
C."我"的日本朋友山口先生

文本训练2 读后填空。

（1）他是法国人，是我在中国认识的第一个朋友。我不知道他的法文名字叫什么，只知道他的中文名字叫林欢。小林今年二十二岁，他喜欢听音乐，也爱看法文小说。小林每天晚上都要喝一点儿酒，中国酒、外国酒，他都喜欢喝。他的朋友们都知道他爱喝酒。

读后填空：
①"我"朋友林欢是_____人。
② 小林今年_____岁。

（2）她是美国人，姓 MacDonald，名叫 Jean。她的中文名字是马真。马真是我的同学，也是我的好朋友。她性格很好，也喜欢帮助别人，老师和同学们都很喜欢她。马真有很多中国朋友，她的中文很不错。

读后填空：
①"我"朋友马真是_____人。
② 马真是"我"的_____。

训练目的是为了让学生在众多的汉字、词语、小句中，寻找到自己需要的有效信息。阅读时可以指导学生进行行读。

文本训练3 读后判断正误。

（1）我爸爸、妈妈现在不住在中国。我在中国的家里还有一个弟弟。他们都住在北京。妈妈说，她是十九年以前认识爸爸的。那时候，妈妈在北京大学教英文，爸爸在中国另一所大学里教书。他们是在新年晚会上认识的。妈妈说，从那以后，爸爸常给她打电话，请她吃饭，后来他们就结婚了。

读后判断正误：

①"我"爸爸、妈妈是十九年以前在英国认识的。(   )

②"我"爸爸以前在北京大学教英文。(   )

③"我"爸爸、妈妈现在住在中国。(   )

（2）我是在北京出生的，虽然我是个英国女孩，可是我从小就说中文，要是你给我打电话，你一定不会知道我是外国人。我是在中国上的小学，第一次来英国的时候，我不会说多少英文，爷爷、奶奶不懂我的意思，他们只是看着我笑，我觉得不好意思。

读后判断正误：

①"我"出生在北京。(   )

②"我"在英国上的小学。(   )

③"我"汉语说得很好。(   )

训练目的是为了让学生在阅读小句后，理解句子的基本意思。阅读时可以指导学生进行细致阅读，采取句读（逐句阅读）的方式。

2.2.1.5 读篇章

学生在掌握了一定数量的生词、阅读了段落后，教师可以尝试将语法难度适中、词语大量重复的段落糅合在一起，构成一个完整表意的篇章。这样不但可以让学生复习学过的汉字、词语、语法句式，还能使学生体会完整的汉语篇章，意识到自己可以阅读"这么长"的文章了，增强其学习汉语的自信心。

篇章阅读的训练方法要注意这样几方面：

第一，语料选择上力求将段落整合，保持段落的一致性。这样可做到前面提到的词汇、句式的大量重复，提高阅读速度。

第二，文体的差异性。有的篇章侧重介绍生活，有简单的故事性；有的侧重描写，类似于说明文。在学生水平稍有提高后都可以拿来阅读，以丰富阅读语料，加深这些初学汉语的学生对汉语篇章的认识。

第三，鉴于篇章特点，要求学生读后能找到作者的主要观点，找到作者在本文中主要在介绍什么；理解文章层次，理解各层次之间的关系；理解各层次与作者主要叙述观点内容的关系。

文本训练 1

  我是美国人，叫 Emmy Lee，现在我在美国学习中文。我没有中文名字。我有很多好朋友，我要给你们介绍一下。

  这是我的朋友王小文，她是中国人，今年二十一岁。小文会说英文，也会说一点儿日文。她很喜欢唱歌，中文歌、日文歌，她都会唱。小文在美国学美国历史。

  那是我的日本朋友，他姓山口，名叫千一，我们都叫他山口先生。山口先生在日本的时候是英文老师，他的英文很好。说中文的时候，他常常用一点儿英文。山口先生很会做饭，我们都很喜欢吃他做的饭。

  他是法国人，是我在美国认识的法国朋友。我不知道他的法文名字叫什么，只知道他的中文名字叫林欢。小林今年二十二岁，他喜欢听音乐，也爱看法文小说。小林每天晚上都要喝一点儿酒，中国酒、外国酒，他都喜欢喝。他的朋友们都知道他爱喝酒。

  她是美国人，姓 MacDonald，名叫 Jean。她的中文名字是马真。马真是我的同学，也是我的好朋友。她性格很好，也喜欢帮助别人，老师和同学们都很喜欢她。马真有很多中国朋友，她的中文很不错。

  我很喜欢我的朋友们。

针对这样的长文章，练习的方式可以有这样两种：一是读完全文后判断正误，主要考察整体理解情况。

  （1）判断正误：如果句子不对，请改正。
    ① 王小文是学历史的学生。　　　　　　（　　）
    ② 山口先生的英文很好。　　　　　　　（　　）
    ③ "我"的法国朋友不姓马，他姓林。　　（　　）
    ④ 王小文不会说英文。　　　　　　　　（　　）
    ⑤ 马真性格不好，也没有朋友。　　　　（　　）
    ⑥ 林欢爱看中文小说，也喜欢听音乐。　（　　）

二是让学生分析段落，先找出段落关键句子。

  （2）寻找下面各段的关键句子。
    ① 第二段：_____

② 第三段：＿＿＿＿＿＿＿＿＿＿＿＿＿＿＿＿＿＿＿＿＿
③ 第四段：＿＿＿＿＿＿＿＿＿＿＿＿＿＿＿＿＿＿＿＿＿
④ 第五段：＿＿＿＿＿＿＿＿＿＿＿＿＿＿＿＿＿＿＿＿＿

在学生寻找到关键句子后，由易到难地加深练习。

（3）将下面段落与那一段落的主要内容连线。

第二段　　　"我"的美国朋友马真。
第三段　　　"我"的中国朋友王小文。
第四段　　　"我"的法国朋友林欢。
第五段　　　"我"的日本朋友山口先生。

最后，教师帮助、提示学生归纳全文的含义：

（4）找出本文主要介绍的内容。

"我"的中国朋友王小文
"我"的日本朋友山口先生
"我"的法国朋友林欢
"我"的美国朋友马真
"我"有很多朋友，我喜欢他们

文本训练2

现在，我正在北京学习汉语。我的美国朋友经常问我："北京的天气怎么样？"今天，我给大家介绍一下。

北京一年有四个季节。从三月到五月是春天，春天晴天很多，阴天很少，常常刮风。六月到八月是夏天，夏天经常下雨。七八月是北京最热的月份，有时候气温到38度。从十二月到二月是冬天，北京的冬天很冷，下雪也较少。如果你打算来北京旅游，请你秋天来。北京的秋天从九月到十一月，天气不冷也不热，是旅游的最好季节。

北京的名胜古迹很多，北京发展也很快。你们来吧，我给你们当导游。

由于初级水平学生词汇量、语法水平有限，因而篇章选择受到了一定程度的制约，层次、逻辑的清晰与条理性难以达到一定高度。教师教授时只能因势利导，借助有限语料整理出一个结构来。比如文本训练2，可以有如下练习：

回答问题：

（1）北京有几个季节？

（2）北京的春天是什么时候？

（3）北京的夏天是什么时候？

（4）北京的秋天是什么时候？

（5）北京的冬天是什么时候？

（6）北京什么时候最冷？

（7）北京什么时候最热？

（8）北京什么时候天气最好？

在学生全部回答出来之后，教师可以说已经给学生铺垫好了"脚手架"，学生自己可以攀登上去了。这时，学生会有一种探索学习的成就感与快乐。教师抛出最后一个也是最核心的问题：

这篇文章介绍北京的什么？

学生回答出"北京的天气"一定是顺理成章的事，学生、教师都有水到渠成之感。

文本训练3

约翰每天都忙得很。

早上六点，他去打太极拳。七点半他吃早饭。差十分八点，他去教室。

他每天上午都有汉语课。他们八点开始上课，十二点下课。约翰说，汉语的发音和语法不太难，汉字很难。约翰学习很努力。

约翰下午没有课，他常去图书馆看书、看报纸。

晚上他在宿舍做练习、写汉字、看电视。电视片有汉语的，也有英语的。他十点半睡觉。

练习的方式可以是这些：

（1）判断正误。

　　① 约翰每天早上六点去打太极拳。　　　　（　　）

　　② 他七点一刻去饭馆吃早饭。　　　　　　（　　）

　　③ 他们八点差十分开始上课。　　　　　　（　　）

④ 他每天下午都有课。　　　　　　（　　）

⑤ 他常在宿舍看电视。　　　　　　（　　）

⑥ 电视片有汉语的，没有英语的。　（　　）

（2）归纳段意。

① 第二段的事情发生在什么时间？

② 第三段的事情发生在什么时间？

③ 第四段的事情发生在什么时间？

④ 第五段的事情发生在什么时间？

最后教师引出文章观点：

这篇文章主要告诉我们什么？（约翰很忙。）

下面这篇文章主要介绍北京大学。里面出现了许多方位词语，如东面、南面、北面、西面等。教师可以引导学生注意不同的方位有哪些建筑、标志等。

文本训练4

北京是中国的首都。北京有一所有名的大学，它就是北京大学。

北京大学校园很大，也很美。它的东面、南面和西面都有校门。

从西门进来，有一个小湖，名字叫未名湖。未名湖在校园的北部，有花，也有树，风景很美。很多学生喜欢到湖边来，在这儿看书，跟朋友说话。

校园的南面是学生生活区，有宿舍、饭馆、书店和商店，还有邮局、银行和酒吧。另外，这里也有一个医院。

北京大学有很多楼，非常漂亮。学生每天在这里上课。

北京大学的图书馆也很有名，有很多好书：古代的，现代的，中文的，外文的。

图书馆的西面有一些小楼，那里是老师们的办公室。

每年都有很多人从不同地方到北京大学来学习，他们有中国人，也有外国人。校园的西面有一些新楼，那里是外国学生的宿舍。以前，外国学生到北京大学来主要是学中文；现在，他们到这里来不只是学语言，也学习历史文化等。今天，到北京大学来学习的外国人越来越多了。

练习的方式可以是限定时间,比如五分钟粗略快读,之后让学生寻找一些重要信息,进行下面的填空练习:

① _____是中国的首都。
② 未名湖在校园的_____。
③ 北京大学的东面、南面和西面都有_____。
④ 校园的_____是学生的生活区。
⑤ 每年有很多人从_____到北京大学来学习。

也可以是限定时间阅读后选择正确答案:

① 北京大学是一所_____的大学。 A.有名 B.奇怪 C.没有名
② 北京大学_____留学生宿舍。 A.没有 B.有 C.只有
③ 大学的校园里没有_____。 A.湖 B.商店 C.庙
④ 学生的生活区没有_____。 A.饭馆 B.商店 C.宫殿
⑤ 老师们的办公室在学校_____。 A.里面 B.外面 C.附近

学生在完成上述快读练习后,教师可以带领学生细致地逐句阅读,加深对语料的理解,之后完成下面的判断正误:

① 北京大学的图书馆里的书都是现代的,没有古代的。(　　)
② 以前,留学生到北京大学来主要是学中文。　　　　(　　)
③ 现在,到北京大学来学习的外国人比以前多。　　　(　　)
④ 以前校园里有一个酒吧,现在没有了。　　　　　　(　　)
⑤ 北京大学在中国的首都。　　　　　　　　　　　　(　　)
⑥ 虽然北京大学校园不大,可是风景很美。　　　　　(　　)

练习进行到这里,学生对这段语料应该是非常熟悉了,然后,我们可以做篇章概括:

这篇文章主要介绍什么?
A. 北京大学校园情况　　　　　B. 北京大学里面有湖
C. 北京大学图书馆很漂亮　　　D. 北京大学外国人很多

下一步,可以视教学时间,让学生按照东、南、西、北简单画一下北京大学的校园分布图。这样可以将阅读理解直接转换成图片,学生会有探索学习后的满足感。最后教师公布正确图片方位答案,让学生自己比对。

可以让学生在下图中找一下未名湖在哪里，图书馆在哪里，学生宿舍在哪里。看看中国的大学校园的特点，大量的宿舍楼集中在一起或许是一个独特的现象吧。

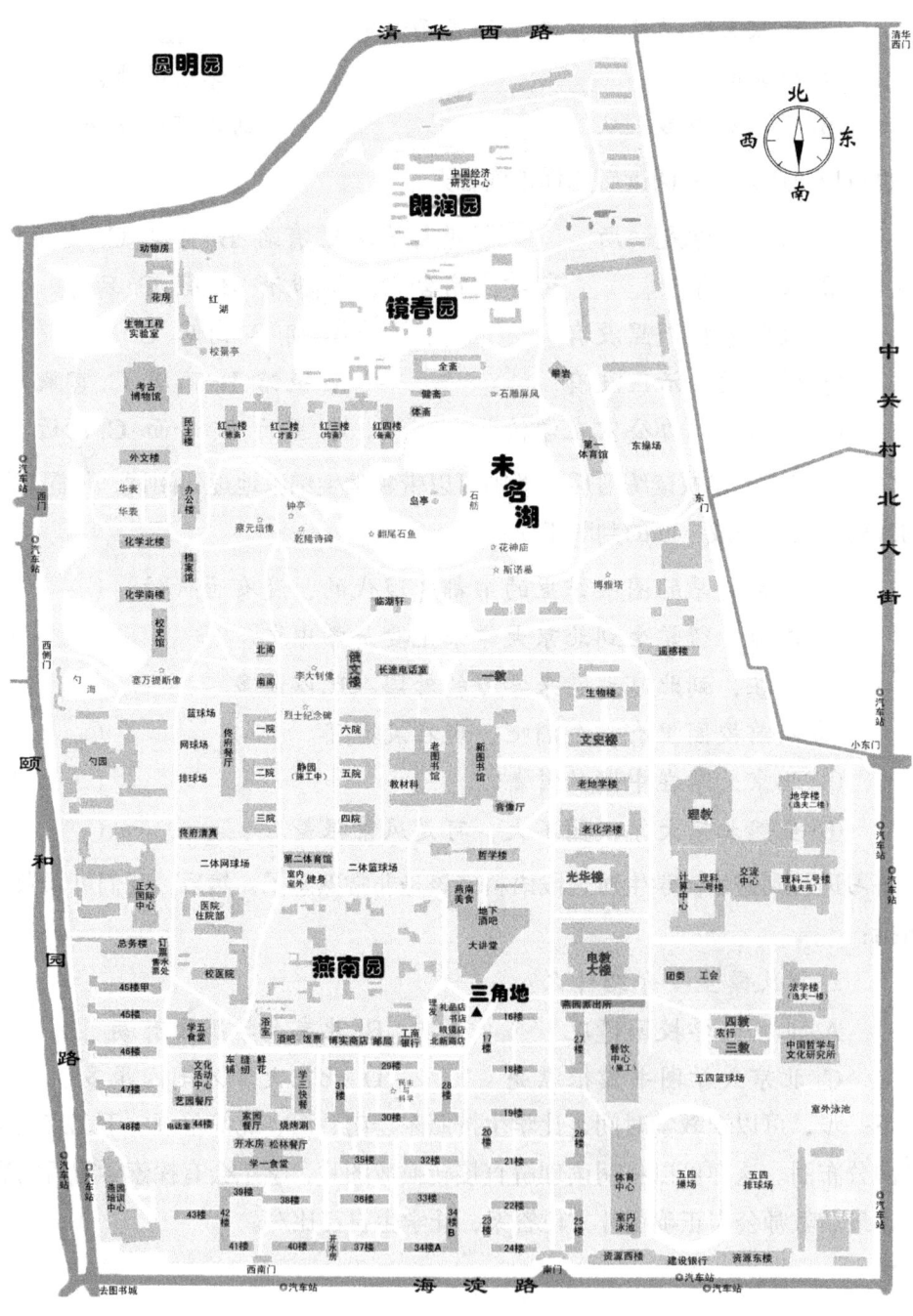

一般说来，较长的篇章或许会让学生感觉有点枯燥无聊，教师就要注意挖掘里面的趣味性。学生被动地读久了，就让他们主动地动手去画、去地图里寻找，甚至谈谈他们对这所大学分布的印象。总之不能完全拘泥于某一种章法。一些教学名师常常说的"教学有法而无定法"就是这个道理。

2.2.1.6 读表格、用表格

表格属于综合训练。训练学生的词语分类、总括，训练学生的寻找、比较、抓取信息的能力等。可以先展示表格，给出相关练习，题型可以有：判断正误、回答问题、说一段跟表格相关的故事等；也可以先给文本，然后给出空白表格，让学生按照教师要求去填写。

文本训练1

家庭成员	年龄	喜欢做的事	会说的语言
爷爷	68岁	听音乐、看中文报	中文、日文
奶奶	66岁	看电视、买礼物	中文
爸爸	46岁	唱歌、喝酒、看电影	中文、日文
妈妈	45岁	画画儿、做饭、喝茶	中文、德文
哥哥（老大）	22岁	吃日本料理、看小说	中文、英文
弟弟	6岁	看电视	中文
姐姐（老二）	19岁	看书、吃法国菜	中文、英文、法文
妹妹	15岁	玩儿电脑、给朋友打电话	中文、英文
小王（老三）	17岁	看电影、做饭、读书	中文、英文

（1）判断正误。

　　①小王的爷爷明年68岁。　　　　　　　　　　　　（　　）

　　②小王的父母有四个孩子。　　　　　　　　　　　　（　　）

　　③在小王家，他哥哥是老大，弟弟是老四。　　　　　（　　）

　　④在小王家，只有奶奶不会说外国话。　　　　　　　（　　）

　　⑤小王有两个妹妹，大妹妹今年15岁，小妹妹今年6岁。（　　）

⑥小王的父母都喜欢喝酒。　　　　　　　　　（　）
⑦小王的哥哥喜欢吃日本料理，可是不会说日文。（　）
⑧小王家有四个人会说英文。　　　　　　　　（　）

（2）表格问答。
①小王家有几口人？
②爱看电影的有谁？
③会说日文的有几个人？
④爱吃日本料理的人会说日语吗？
⑤喜欢吃法国菜的会说法语吗？
⑥爸爸比妈妈大几岁？

先让学生阅读表格中的词语，检查学生词语掌握情况。阅读时可以采取家庭人员类阅读、兴趣爱好类阅读等，让学生对这一词汇场的词语有个整体把握，以提高做题的速度。

问答题可以注重趣味性与变化性。比如这个家庭有人爱吃日本料理，可不会说日语。有人喜欢说法语也爱吃法国菜。问题的难度可以逐级提高，给水平低的学生直观问题，如：他的弟弟几岁了？奶奶喜欢做什么等？给水平较高的学生难度等级高的问题，如：奶奶多大生的爸爸？爷爷比奶奶大几岁？最后，也可以将表格变成一堂口语讨论课，介绍小王的家庭。在此，将表格引向了段落与篇章表达。

总之，教学时要根据学生特点、教学时间等，灵活掌握运用。

文本训练2　给出阅读语料，要求学生填写表格。

我是美国人，姓李，我的中文名字叫李爱华，是北京语言大学的留学生，我学习汉语。

我介绍一个人，这位先生是我朋友，叫约翰，是加拿大人，他也学习汉语。那位小姐是我妹妹，叫李秋，是我叔叔的孩子。她不是美国人，是北京人，也是我们学校的学生，她学习英语。

王中先生是中国人，他是一家公司的职员，很忙，也很累。他爱人是约翰的姐姐，她是中学的英语老师，不太忙。他们的孩子叫王京，是小学生。他说汉语，也说英语。

人名	国家/城市	学习什么/做什么
李爱华		
	加拿大	
	北京	
王中		
王中爱人		
		小学生

设计时注意表格的变化与丰富性。不要设计成完全以"人名"开始的表格，中间给出的信息要多样，让学生自己去寻找与填写，以增强训练的趣味性。

2.2.2 阅读实用图片的训练

学生不仅需要书面的学习，还需要实用性的图片学习。学生来到中国，会在街上遇到很多他们需要了解的图片，比如某个饭馆的名字、某个警示标志等。也可能是他们需要出去旅行，要看地铁线路图、地图什么的，这都需要我们提前给学生演练一些，这既是阅读教学的一部分，也可以备不时之需，非常有实用价值。

2.2.2.1 读地名

文本训练1 读下图这些大学的名字，注意地图的方位性（上北下南）。

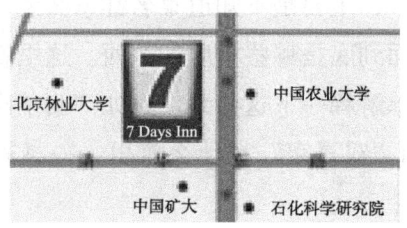

文本训练2　这是两所大学门上的字，分别是哪两所大学呢？

门匾题字经常不是规范的宋体，而是手写体或者繁体字什么的，学生在知道两三个词的情况下，能猜测出一些最好。

2.2.2.2 读饭馆菜单

学生到中国后点菜经常是不容易的事，主要是不知道菜名都怎么说，知道怎么说了也不知道是什么意思，不知道里面到底是哪些材质的东西。这里就练习让学生找出几种菜的名字、价格，教师简单解释一下这些菜，比如"涮羊肉"、"包桌"都是什么意思。还有，那个红色的"双喜字"是什么意思，一桌需要多少钱，包括几个菜等等。

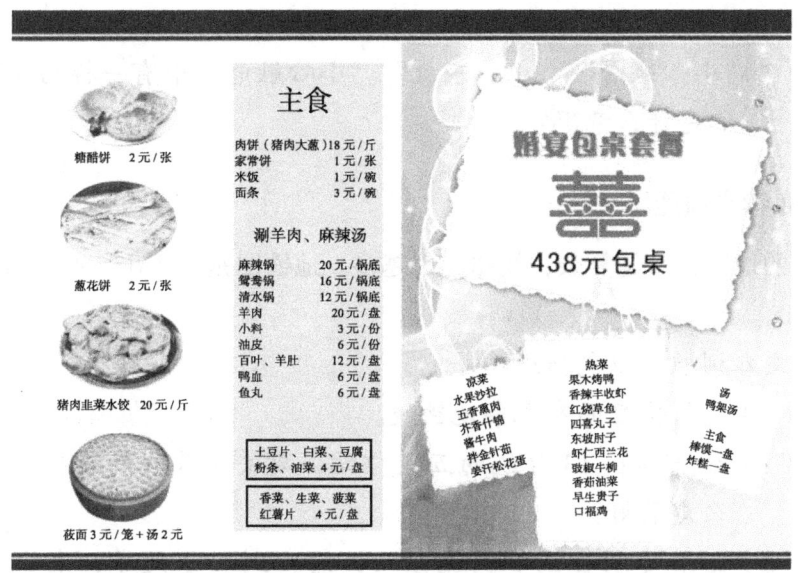

也可以介绍几个外国学生特别喜欢的、在中国也是家喻户晓的菜，如宫保鸡丁、麻婆豆腐、北京烤鸭等。

2.2.2.3 读警示标志

警示标志一方面是提醒人们遵守警示中的法律，另一方面也是对个体的一种保护。例如，中国目前在许多场合，尤其是教学楼里，已经普遍禁止吸烟了，学生要能看懂这些标志：

文本训练可以提如下问题：

（1）"请勿吸烟"和"禁止吸烟"有什么不同？

（2）"勿压"和"请勿吸烟"中哪个字一样？这个字是什么意思？

（3）"小心地滑"、"小心轻放"、"小心触电"中有一样的字吗？它们是什么意思？

2.2.2.4 读交通图

北京的地铁越来越复杂，线路越来越多。地铁图是学生出行必须看得懂的图片。

文本训练可以包括这些：

（1）先找出里面有几条地铁线。

（2）如果你在13号线的五道口站，要去1号线的天安门东，怎么走最好？

（3）如果你刚在国贸买完东西，想回到北京大学，怎么走换车最少？

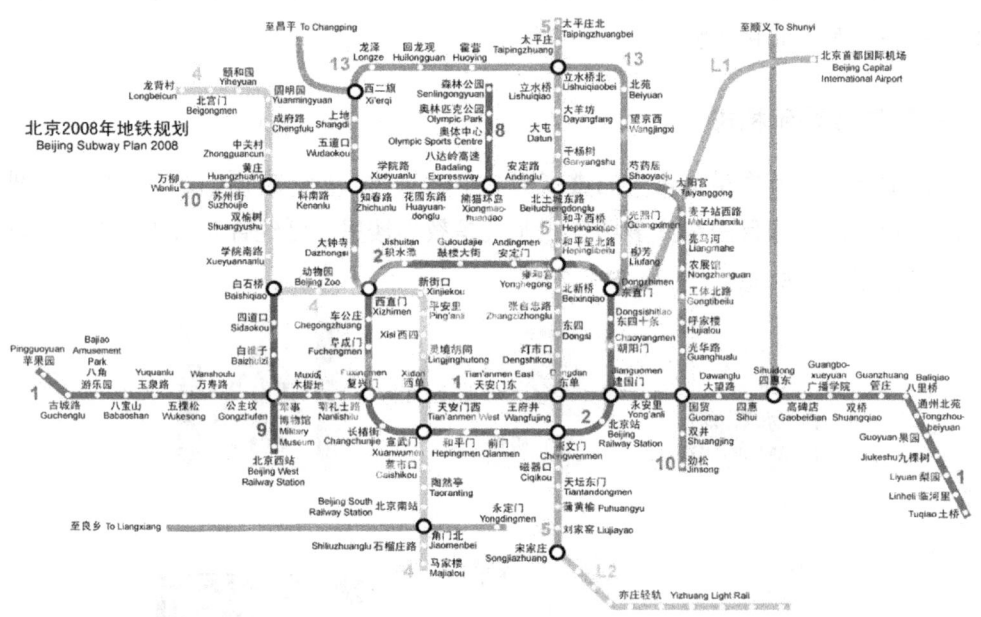

2.2.2.5 读手机菜单

学生们来到中国，一般都会买手机，那么读手机菜单也是必修课。先让学生把下面最基本的页面看懂。

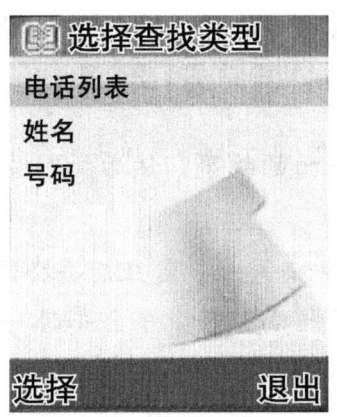

2.2.2.6 读图片与读句子结合的训练

对所有的学习者来说,都希望学习过程能充满趣味性。单纯地阅读图片有时感觉过于简单,单纯阅读书面文字,时间长了又难免枯燥。所以,可以考虑将两者结合起来,用文本来体现学生的水平,用图片来调剂学习的情趣。

文本训练 1 将下面的图片和句子对应起来,连线完成。

我的奶奶走路很慢。

我的小狗很可爱。

这是我的爷爷,他常常抽烟。

这里是简单的句子训练，教师可以多找一些丰富多彩的图片，让学生做，尤其是对低龄学习者，争取在游戏中完成阅读学习。

文本训练 2　阅读下面的故事，然后把图片分别摆放到相关的句子后面。

我每星期六早晨七点起床。起床后去公园里打太极拳。大概八点回家吃饭。吃饭后开始喝茶。中午会午睡一会儿。下午去商店买东西。晚上在家里看电视。

这类练习，要求教师首先带学生辨识一下图片，图片必须能清楚地传达意图。在学生都明白了图片含义之后，开始阅读文本。读后，完成图片与文本结合的练习。

教学中，为了增强趣味性，可以限定时间，看谁能最快最准确地完成图片的摆放。

2.2.3 阅读方式的训练

阅读的方式大致有这样几种：精读、略读、跳读、查读等。不同的阅读方式与不同的阅读目的、阅读对象相结合。比如我们看报纸时，经常是看标题，了解一下自己比较关心的内容，略读一下；若想看作者的结论，就直接跳到最后；若想在某本书里找一些数据，那么就用查读的方式；对自己非常喜爱的文章或者重要的课文，仔细阅读理解，力求完整掌握。下面我们分别来介绍这些阅读方式。

2.2.3.1 精读

精读就是仔细地阅读。对重要的文章，要认真读、反复读，要逐字逐句地深入钻研，对重要的语句和章节所表达的思想内容还要做到透彻理解，这就是精读。具体地说，要求对语料的理解率在90%以上甚至100%。精读法是一种对读物全面而非局部的、深入而非肤浅的、充分而非有限的、精细而非粗略的理解。不仅要学生理解语料的字面含义，还要通过判断推理等，弄清字里行间隐含的意思，弄清词语的比喻意义、文化意义等。

文本训练1

王月是李秋的好朋友，在北京的一家大公司工作（1）。她是上海人，爸爸、妈妈都在上海（2）。她弟弟王阳在北京，是一家电脑公司的职员（3）。王阳还没有女朋友（4）。他认识李秋（5）。李秋非常漂亮，王阳很喜欢她（6）。王阳知道她还没有男朋友，常找她一起看电影（7）。他们还常一起逛公园、喝咖啡、逛商店（8）。他们互相都很喜欢，王月很高兴（9）。

这里一共有九个句子。下面的问题，做对了便意味着理解了相应的句子。

根据课文选择合适的词语填空。
① 王月在_____工作。　　　（A. 一家公司 B. 电脑公司 C. 上海）
② 王月是王阳的_____。　　　（A. 妹妹 B. 姐姐 C. 朋友）
③ 李秋常和_____一起逛公园，去商店。
　　　　　　　　　　　（A. 王阳 B. 王月 C. 王月的爸爸妈妈）
④ 王阳_____李秋还没有男朋友。（A. 认识 B. 知道 C. 告诉）
⑤ 王阳和李秋互相都很_____。　（A. 喜欢 B. 漂亮 C. 认识）

第一个问题对应语料的第一句；第二个问题对应语料的第三句，考查学生读懂了王月和王阳的关系没有；第三个问题对应语料的第八句，看学生理解王阳和李秋在一起做什么没有；第四个问题对应语料的第五以及第七句，考查是"知道"还是"认识"，与后面线索发展有关；第五个问题对应语料的第九句，是问题的核心。

但是训练还没结束，可以紧接着做下面的练习，只不过我们换了练习的题型：

根据课文判断正误。

① 王月和李秋互相认识。　　　　　　　（　　）
② 王阳和王月常一起去看电影。　　　　（　　）
③ 王月非常漂亮。　　　　　　　　　　（　　）
④ 王月一家人在上海。　　　　　　　　（　　）
⑤ 王月还没有男朋友。　　　　　　　　（　　）
⑥ 王阳在一家电脑公司工作。　　　　　（　　）

第一个问题依然对应语料的第一句；第二个问题对应语料的第七句；第三个问题对应语料的第六句；第四个问题是检查对语料第二、三句的理解情况；第五个问题对应整个语料；第六个问题对应语料的第三句。

至此，所做的问题把语料所有的句子都包括了。当然，教师还可以继续提问上述练习中没涵盖的部分：

① 王阳有没有女朋友？
② 他们俩经常一起去哪里？
③ 王月为什么高兴？

这样，关于语料的理解便可以说是完成了。如果学生能流利回答这些问题，便是达到了完全理解。

文本训练2

我和弟弟是在北京出生的，虽然我们是美国人，可是我们从小就说中文。后来，爸爸、妈妈开始教我和弟弟英文。现在，我们的英文跟中文一样好了。现在，妈妈让我回美国读书。我非常想念我的中国的朋友。每个星期我都给他们写电子邮件。我告诉我的朋友们，大学毕业后，我希望能回中国工作。我爸爸、妈妈在中国生活了差不多二十年了。他们已经是"中国人"了。

教师可以按照句子的顺序设计如下问题：

① "我"和弟弟是在哪儿出生的？是哪国人？
② 为什么"我们"会说中文？
③ 谁教"我们"英文？"我们"说得怎么样？
④ "我"要去哪里念书了？

⑤"我"每周给中国朋友写什么？
⑥"我"想去哪里工作？
⑦为什么说爸爸、妈妈已经是"中国人"了？
⑧"中国人"中引号（""）的含义是什么？

之后，可以让学生继续回到段落中寻找详细信息，以达到完全的理解。

填空练习：

① 我爸爸、妈妈现在住在_____。
② 我是在_____出生的。
③ 我每个星期都给我的中国朋友们_____。
④ 我父母在中国生活了差不多_____年了。

精读就是教师可以穷尽语料中的所有"角落"提出问题。这些问题可以是非常直观的——谁、什么、在哪儿、为什么、怎么样，也可以是提炼后概括性的——如上面的小文章可以问：她家有几口人？她跟中国朋友的关系怎么样？你怎么知道的？总之，提问要从易到难，循序渐进，逐步加深。

2.2.3.2 略读

所谓略读，指快速阅读文章以了解其内容大意的阅读方法。换句话说，略读是要求读者有选择地进行阅读，可跳过某些细节，以求抓住文章的大概，从而加快阅读速度。

具体来说，在阅读时，先把文章粗略地浏览一下，看看文章中是否有自己所需要的信息、资料等，遇到自己需要的东西，可以慢下来仔细阅读、查读。一般阅读的目标是在保持一般阅读速度的条件下，获得尽可能高的理解水平，通常达到 70% 或 80%。略读时，理解水平略低一些也很正常，平均理解率达 50% 或 60% 就可以了。

略读有下列四个特点：

1. 以极快的速度阅读文章，寻找字面上或事实上的主要信息。
2. 可以跳过某个部分或某些部分不读，可以忽略无关的细节。
3. 理解水平可以稍低一些，不要求全面而准确的理解。
4. 根据文章的难易程度和需要达到的阅读目的，不断灵活地根据自己的需要调整阅读速度。

略读可以运用下列技巧：

1. 阅读段落的主题句和结论句。抓住主题句就掌握了段落大意，然后略去细节不读，以提高略读速度。

2. 注意表示作者观点的关联词语和分析排列原因的词语等。

文本训练1

　　北京人喜欢骑自行车，很多人每天骑自行车去上班、上学。现在，我的很多同学也都买了自行车，大家每天骑车去上课，很方便。

　　北京有很多市场。这些市场有的大，有的小；有的在大楼里，也有的就在路边。我们学校附近有两个市场，市场上卖很多种东西。有卖菜的，有卖书的，也有卖衣服的、卖电脑的。星期六，我常常跟朋友到市场上去看看。

　　北京人很喜欢学外语、练习外语。每天早晨，有很多人在公园、路边练习说英文或者别的外文。他们有的自己一个人大声读，有的跟朋友一起练习。有时候，看到西方人，他们就用英文跟你说话。

（1）略读后完成下面的填空练习。

① 有很多北京人骑＿＿＿＿＿＿＿＿去上班、上学。

② ＿＿＿＿＿＿＿＿，我常常跟朋友到市场上去看看。

③ 我们学校附近有两个＿＿＿＿＿＿＿＿。

④ 每天＿＿＿＿＿＿＿＿，有很多人在公园、路边练习说英文或者别的外文。

（2）辨识段落大意练习。

① 第一段主要介绍什么？（北京人喜欢骑自行车。）

② 第二段主要介绍什么？（北京有很多市场。）

③ 第三段主要介绍什么？（北京人很喜欢学外语。）

文本训练2

一封求职信

尊敬的李老师：

　　我从您学校的网站上看到你们找英语老师的广告。我对这个工作很有兴趣，并希望能去南京大学这样的好大学教书。现在寄去我的简历，希望能得到您的录用。有这样几个原因：

首先，我的专业是教外国人英语。我现在是美国西北大学的学生，今年五月就要毕业了。大学二年级的时候，我上过一门中国历史课，这使我对中国历史和文化有了很大的兴趣，所以大学三年级我就开始学中文，现在，一般的中文会话我都没有什么问题。我一直希望有机会去中国生活一段时间，看看中国人的生活，多了解一下中国的历史和文化。

还有，在西北大学上学的这几年，我前两个夏天都在别的学校的暑期英语班教课。这不但让我学到了很多书上学不到的东西，而且也让我越来越喜欢教书了。去年夏天，我得到了在北京语言大学教英语的机会，在那里教了九个星期的英语。我在北京的教书生活非常愉快，所以很希望能再去中国教英语。

最后，我喜欢教书这个工作。我相信自己一定能做好这个工作。

祝　快乐！

玛丽

2010年2月12日

读后，学生完成快速略读练习。

① 我希望能去＿＿＿＿＿＿＿＿＿＿大学这样的好大学教书。

② 我现在是美国＿＿＿＿＿＿＿＿＿＿大学的学生。

③ 我今年＿＿＿＿＿＿＿＿＿＿就要毕业了。

④ 大学＿＿＿＿＿＿＿＿＿＿年级我开始学中文。

⑤ 去年夏天，我得到了在北京＿＿＿＿＿＿＿＿＿＿大学教英语的机会。

略读中细节信息处理完后，教师可以引领学生完成粗略的段落大意理解。

学生完成段落大意的寻找——这里一共有五段，学生按照顺序写完二、三、四段的主要意思。

① 我为什么申请这个工作。

② 首先，＿＿＿＿＿＿＿＿＿＿＿＿＿＿＿＿＿＿＿＿＿＿

③ 还有，_____

④ 最后，_____

2.2.3.3 跳读

跳读是在阅读中，有意识地跳过一些无关紧要的句段或篇章而抓住读物的关键性材料的速读方法。跳读通过省略次要信息来加快大脑对文字的反应速度。跳读有取有舍，跳跃前进，略去一些内容，只撷取文章中的关键部分。其意义在于对读物的大幅度跳跃，舍弃非本质的东西，捕捉符合自己目的的有效信息。

跳读的技巧如下：

1. 以标题、小标题为主要阅读对象的跳读法。比如我们在看一本小故事书，其目录下有十个小故事，我们可以跳读找到自己喜欢的那个，进去阅读。或者在进入网站的时候，有许多信息，跳到自己需要的信息那里，开始浏览。

2. 首尾句跳读法。就是只读每个自然段的第一句或最末一句，或是第一句和最末一句。一般说来，以说明为主、以议论为辅的科学性著作，每小段的首句往往是提纲挈领的一句话，末句是承上启下的一句话，中间则是补充、推理、举例之类。运用这种方法，可以迅速抓住全文的中心。

文本训练1　下面是一本畅销书的目录，你想读哪一篇呢？这时，你的方法就可以是跳读。比如，你想读"我们的老师"，便快速"跳跃"到那里。

《爱的教育——世界畅销儿童文学名著》

作　　者：(意) 亚米契斯（Amicis, E.D.）著，徐力源 译

作者序言

1. 十月
2. 开学第一天
3. 我们的老师
4. 一件不幸的事
5. 我的同学们
6. 我二年级的老师

7. 我的朋友加罗内

8. 我弟弟的女老师

9. 我的母亲

回答：

① 我想读"我们的老师"，看第几篇故事呢？

② 第九个故事是什么？

文本训练 2

我住在学校的宿舍里。屋子有点儿小，不过很新，很干净。有床、椅子、电视，还有一个冰箱。

我有一个很好的同屋，她也是从芝加哥来的，人很热情，也很聪明，我们常在一起玩儿。她将来想去中国工作，教中国人英语。

读后：

① 第一段关键句子是什么？（我住在学校的宿舍。）

② 第二段关键句子是什么？（我有一个很好的同屋。）

在此，学生其实只快速跳读这两个核心句子就可以大概了解文章内容了，这就是"首尾句"跳读法。

2.2.3.4 查读

查读的目的主要是在大量文字资料中迅速查找某些有用的信息、特定的信息。比如找到故事的主要人物是谁，故事发生的时间、地点等，再比如查读各类时间表、号码簿、名单、菜单、地图、指示图、通知中的时间地点等。

在查读时，目光要自上而下、一目数行地寻找与答题内容相关的词句，与此无关的内容要很快掠过。当回答有关"谁"、"什么"、"在哪儿"、"多少"等文章细节问题的时候，用此方法我们一般都可很快找到答案。

文本训练 1

王中夫妇买的房子在花园小区。这套房子有 142 平方米，在花园小区 2 号楼 18 层。从小区向南走 50 米，是四环路；向东走大约 500 米，是高速公路；向西走 100 米，就是地铁站。小区的北边还有公共汽车站，交通非常方便。从这儿去王中的学校很近。小区附近有银行、商店和邮局。银行的左边是医院，右边是幼儿园。在这里生活很方便。

回答问题（注意里面的黑体字）：
① 王中夫妇买的那套房子有**多少平方米**？
② 从小区向东走**多少米**是高速公路？
③ 这离**谁**的学校很近？
④ 花园小区的交通**怎么样**？
⑤ 银行的左边是**什么**？

里面的黑体字，是我们查读时要解决的主要问题。教学时，教师先展示文本，之后快速提问，让学生回答。也可以将问题直接与文本阅读一起给学生，在限定时间内，看哪个学生先找到答案。

文本训练2 下面是北京到上海的列车时刻表。读后查找下面的有效信息。

车次	发车—到达	发时—到时	车型	运行时间	里程
D29	北京南—上海	07：47 - 18：44	动车组	10小时57分钟	1454公里
D231	北京南—上海	09：45 - 20：21	动车组	10小时36分钟	1454公里
D233	北京南—上海	09：50 - 20：26	动车组	10小时36分钟	1454公里
D31	北京南—上海	11：05 - 21：23	动车组	10小时18分钟	1463公里
1461	北京—上海	11：57 - 10：40	普快	22小时43分钟	1463公里
D321	北京南—上海	21：21 - 07：25	动车组	10小时4分钟	1454公里
D313	北京南—上海	21：26 - 07：35	动车组	10小时9分钟	1454公里
D307	北京南—上海	21：36 - 07：45	动车组	10小时9分钟	1454公里

D301	北京南—上海	21：41 - 07：50	动车组	10小时9分钟	1454公里
D305	北京南—上海	21：46 - 07：55	动车组	10小时9分钟	1454公里
T103	北京—上海	22：09 - 11：09	空调特快	13小时0分钟	1463公里
T109	北京—上海	22：15 - 11：33	空调特快	13小时18分钟	1463公里
T281/T284	北京西—上海南	22：30 - 12：58	空调特快	14小时28分钟	1467公里

查找：
① 从北京到上海全部的车次有多少？
② 我想用最短的时间到上海，应该坐哪列火车？
③ 我白天很忙，想晚点儿出发去上海，那么我可以坐哪列车？
④ 我很着急，想早点儿到上海，那么最早可以坐的车是几点出发？

文本训练3 中青旅和中国国旅从北京出发，去香港旅行的不同价格与说明。

中青旅
香港3晚4天自由行
3250元/起　四星级

亮点特色：
- 全程搭乘中国国际航空公司客机，飞行舒适
- 超值玩香港，潮流零距离
- 吃不完的美食，享不尽的时尚，玩不停的游戏都能在此亲历

特别优惠：
- +45元/人可得到价值HKD60的电话卡（每人限1张），轻松与家人联系，玩得开心，家人放心
- +140元/人可得到价值HKD160元的机场往返接送，排除自由行忧虑
- +199元/人可得到价值HKD250元的海洋公园门票1张

- +305元/人可得价值HKD350的迪斯尼门票1张

中国国旅总社

香港自由行

- 团队编号：CTS-XGZYX-01
- 出发日期：天天
- 饭　　店：三星
- 交通工具：港龙或国泰
- 价　　格：成人：3100元　老人：2880元　儿童：2880元
- 天　　数：5天

查找一下：

① 我想住得舒服一些，应该参加哪个旅行社？

② 我想玩儿的时间长一点儿，我该参加哪个旅行社？

③ 我只想看看，还想带孩子去，能便宜最好，该参加哪个旅行社？

④ 我怎样能得到更便宜的迪斯尼门票？

　　查读旅游信息是很实用的训练项目，许多学生都会对这种查读感兴趣，因为比较实用。教师可以根据班级学生的情况、爱好等，搜集学生感兴趣的相关的旅游信息，然后让学生阅读完成。带着兴趣、目的阅读，收效会更大。

　　这里我们介绍了几种阅读方法。需要指出的是，在一篇文章的阅读过程中，我们要根据不同的要求、不同的情况采用不同的阅读方法。具体教学中，也可以几种教学方法结合起来灵活使用，不必过分拘泥形式。

　　在文章段落答题技巧上，教师可以告诉学生，阅读理解部分可参照下列步骤进行。

　　首先用"略读"的方法浏览全文，以了解中心思想及大意。

　　在此基础上，用"查读"的方法看要回答的问题，或查到文章中与答题内容有关的段落后用"精读"的方法来确定答案。回答问题时，可在文章中画出关键词句，以此作为答题的依据。"跳读"可以帮助确定段落的重点句子含义，在时间非常紧迫时，可以采用这种方式了解基本大意。

　　最后，全部问题答完之后，如时间允许，可再快读一遍全文，核实一下所确定的答题的答案是否符合全文的主旨。

2.2.4 阅读环节的训练

初级阶段的阅读教学，由于学生的词汇量很有限，而且阅读技能处于积攒期，因此，教学中多多少少带有"精读"的性质。也就是说，不但要教授阅读的基本方法，还要教授阅读中出现的基本生词、句式等。当然，为了突出课型特点，与综合课、语法课有所区别，我们的生词讲解以学生明白、理解为目标，不需要学生去造句、默写等。

下面以《差不多先生传》为例，谈谈初级阶段阅读教学的环节问题。

文本训练 1 精读

差不多先生传

胡适

你知道中国最有名的人是谁？他姓差，名不多，你一定见过他，一定听过别人谈起他。差不多先生的名字，大家天天说，因为他是中国全国人的代表。

差不多先生的相貌和你和我都差不多。他有一双眼睛，但看得不很清楚；有两只耳朵，但听得也不很分明；有鼻子和嘴，但他对于气味和口味都不很讲究。他的脑子也不小，但他的记性却不很好。

他常常说："凡事只要差不多就好了。何必太认真呢？"

他小的时候，他妈让他去买红糖，他买了白糖回来。他妈骂他，他摇摇头说："红糖白糖不是差不多吗？"

他上学的时候，老师问他："西安在哪个省？"他说是山西。老师说："错了。是陕西，不是山西。"他说："陕西同山西，不是差不多吗？"

后来他在银行工作；他会写字，只是总不认真。十字常常写成千字，千字常常写成十字。老板生气了，常常骂他。他只是笑着说："千字跟十字不是差不多吗？"

有一天，他为了一件重要的事，要坐火车到上海去。他慢慢地走到火车站，晚了两分钟，火车已开走了。他说："只好明天再走了，今天走同明天走，也还差不多。可是火车也太认真了。八点三十分开，同八点三十二分开，不是差不多吗？"他一面说，一面慢慢地走回家，心里总不明白为什么火车不等他两分钟。

　　有一天，他忽然得了病，找到了牛医王大夫。差不多先生知道找错了人；但病急了，等不得了，心里想道："让他试试看吧，牛医和给人看病的医生也差不多。"这位牛医王大夫用医牛的方法给差不多先生治病。不一会，差不多先生就死了。

　　差不多先生差不多要死的时候，说道："活人同死人也差……差……差不多，凡事只要……差……差……不多……就……好了，何……何……必……太……太认真呢？"他说完了这句话，就死了。

　　他死后，大家都很称赞差不多先生；他家都说他一生不肯认真，真是一位有德行的人。无数的人都学他。于是人人都成了一个差不多先生。然而中国从此就成为一个懒人国了。

（有删改。全文原载于1919年出版的《新生活杂志》第二期）

　　这篇文章对学生来说，有一定的难度，一般放在初级阅读的后期学习。为了展示完整的阅读环节，所以我们选择了这样一篇完整的短文。教学中，教师的教学环节包括如下几部分，我们分别详细加以说明。

2.2.4.1 把握文章标题

　　任何一篇阅读短文，理解文章标题都十分关键。因为作者的思想、观点、写作目的等，经常包含在题目中，理解了题目，可以说就是理解了文章主旨的大体。所以教师要先来带领学生解题。

　　教师可以设置如下问题，启发学生：

　　①"传"这个字的发音是什么？是zhuǎn吗？不是，那么怎么读？是什么意思？（对了，zhuàn，表示一个人的故事。）

　　②谁的传呢？（对，是"差不多先生"的。）

　　③"差不多"是什么意思？有人的名字叫"差不多"吗？（学生常常会笑，回答说"没有"。）

　　④那么为什么写一个"马马虎虎的人"的故事呢？（这时便引导

学生进入思索，是啊，为什么写这样的人呢？学生的兴趣此时被调动起来了，然后进入下面环节。）

2.2.4.2 把握文章出处、作者、背景

教师此时开始让学生找作者的名字。学生找到后，开始简单介绍作者。胡适（1891~1962年）年轻时在美国学习，1917年回国，是北京大学教授。加入《新青年》编辑部，撰文反对封建主义，宣传个性自由、民主和科学，积极提倡"文学改良"和白话文学，成为当时新文化运动的重要人物。他写这篇文章，主要是批评中国人"马马虎虎"的性格。

2.2.4.3 把握文章重点词语、句式

课文后面一般配有生词表，教师带领学生进入到生词的学习。生词学习要结合课文，举例讲解也紧密衔接课文句子，这样，学生在理解了生词的同时，也多少理解了课文句子的含义。

初级学生课本上的生词，多带有拼音。学习时，可以采取看拼音读生词的方法。教师给学生一定的时间练习生词，熟悉汉字字形。之后，要求学生不看拼音认读汉字。因为阅读文章只有汉字，所以，辨识、认读汉字是理解文章最基本的要求。

认读后，教师提问重点词语。如：

① "讲究"是什么意思？
② "分明"是什么意思？

如果课文中没有提供重点句式的练习，需要教师提前板书在黑板上。这篇文章反复使用的句式有这样几个：

① A 跟 B 不是差不多吗？
② 何必……呢？

教师可以针对这两个句式，进行阅读前的讲解、操练。例如：

① 你的笔跟我的笔不是差不多吗？
② 今天去跟明天去不是差不多吗？
③ 从这里到我的家很近，何必开车呢？
④ 你给我打个电话就好了，何必来呢？

在扫清了生词、句式这些前进障碍后，开始进入到文章的理解上。

2.2.4.4 把握课文段落含义

主课文的处理可以分步骤进行。可以先逐段学习。可以让学生声读，即朗读课文，看学生是否会发音、断句。如果学生断句错了，意味着他没有很好地掌握这个生词的意思，也就表示他不能理解这个句子。所以，声读是有益的，可以让教师了解学生的实际情况。

段落学习时，教师可以用提问、读后判断等方式，考查学生的理解。比如下面这一段：

> 差不多先生的相貌和你和我都差不多。他有一双眼睛，但看得不很清楚；有两只耳朵，但听得也不很分明；有鼻子和嘴，但他对于气味和口味都不很讲究。他的脑子也不小，但他的记性却不很好。

教师可以设置如下问题：

① 他的眼睛看得怎么样？为什么？眼睛有病了吗？
② 他的耳朵听得怎么样？为什么？耳朵有病了吗？
③ "对于气味和口味都不很讲究"是什么意思？
④ "他的脑子也不小，但他的记性却不很好"意思是，脑子很大的话，记性应该怎么样？
⑤ 这几个问题，作者是要告诉我们什么？（这里自然就将学生引到了差不多先生马马虎虎的性格分析上。）
⑥ 那么，作者为什么说"差不多先生的相貌和你和我都差不多"呢？（这里就引导学生明白，差不多先生的性格是个普遍的问题，不是独特的现象。）

逐段学习时，也要注意阅读技能的训练，如猜测词语等。比如这句："他有一双眼睛，但看得不很清楚；有两只耳朵，但听得也不很分明"，读后，教师可以问学生"分明"和前面哪个词意思一样？（是"清楚"。）技能学习要贯穿阅读学习的整个过程，而不是孤立的。在逐段学习、完成了全部主课文之后，进入到篇章理解方面。

2.2.4.5 把握篇章

由易到难后,再返回来,开始篇章理解,层层挖进。教师可以设置如下问题:

① 这里面讲了差不多先生几个小故事?去找一下。
② 最后一个小故事是什么?
③ 作者为什么让差不多先生死了?反映了作者什么思想?
④ 作者写这样的文章,目的是什么?
⑤ 你有什么看法?

至此,全部课文学习完成,开始课后相关练习。

文本训练2 (略读)

我为什么学习汉语

关野记史(日本)

我现在已经57岁了。来中国前在日本新东京国际(成田)机场的一个公司工作了30多年,如果到60周岁退休的话,就能每年领取一笔养老金。在我打算辞职来中国学汉语时,同事们劝我说:"为什么在难以找到工作时这么着急地辞职呢?什么?学习汉语?不能再等3年吗?退休后学习就来不及了吗?还是对工作有什么不满呢?退休金不够生活吗?"

再等3年是容易的,靠养老金生活也是可以的。不过,我对这里的生活有点儿过够了,我想过有点儿变化的生活了。而这可不是容易的事,我不知犹豫了多长时间,也不知苦恼了多长时间,老下不了决心。我想了又想,得出的结论是:要想过有点儿变化的生活,同时还能学习点儿什么的话,最好。我可不能再等了。

我小时候有一个时期学过汉语,至今已过了40多年了,但我始终记得这么一句俗语:"上有天堂,下有苏杭。"好的,我就到苏州过一段有变化的生活吧!那得要学好汉语才行。所以,我做出了决定:到苏州大学学习汉语。

直到今天，我也没有为当初的决定而后悔。可是，我犯了一个大大的估计错误。我没想到在课外听不到普通话，苏州人都说苏州方言，这我可不行了，我一点儿也听不懂苏州话。除了和朋友们聊天以外，我没有提高听力的方法，只好靠另一个"好朋友"：电视。我每天至少看3个小时电视，这也是很累人的，但我没有别的办法。另外我这个年龄的人和年轻人一起学习也有较多困难，因为记忆力开始减退了啊！入乡随俗，在我可以说是"入苏随苏"吧，我有一个学苏州方言的好机会。要学说苏州话，这也是很难的课题，因为普通话还没学好，再学苏州话，说起来容易，做起来实在太难了。

我离开日本时，计划在中国学3年汉语。时间是不长的，真可谓"一寸光阴一寸金，寸金难买寸光阴"啊。我不能浪费一点宝贵的时间。现在，虽然还不清楚3年中会有什么变化，但我可以说，要尽可能地用好这3年的时间，过一段有好的变化的生活。

这可以说就是我学习汉语的原因吧！

（外国学生汉语作文比赛　苏州大学国际文化交流学院推荐）

这是一篇经过修改的外国学生的作文，教师依然可以基本按照刚才的方法进行教学环节操作。题目理解——作者——主课文学习——篇章理解。这里我们略去了"生词句式"环节，因为我们的阅读方式变成了"略读"。略读是要求学生理解大概意思，而第一篇《差不多先生传》我们采取的是精读的方法。所以，不同的阅读方式，也决定了不同的教学环节。

教师在学生理解了文章题目、作者后，开始逐段寻找段落大意。

教师可以设置如下的问题：

① 这篇文章，主要是关于：
　A."我"学习汉语的原因
　B."我"喜欢中国文化

② 第一段，作者主要想告诉我们：
　A. 朋友们对他辞职的不理解
　B. 朋友们反对他去学习汉语

③ 第二段，作者主要想告诉我们：
　A. 靠养老金生活也是可以的

B. 想过有点儿变化的生活

④ 第三段，作者主要想告诉我们：
　　A. 小时候有一个时期学过汉语
　　B. 为什么去苏州大学学习汉语

⑤ 第四段，作者主要想告诉我们：
　　A. "我"去苏州学习没有后悔
　　B. "我"去苏州学习很后悔

⑥ 第五段，作者主要想告诉我们：
　　A. 要尽可能地用好这 3 年的时间
　　B. "我"计划在中国学 3 年汉语

　　学生快速阅读之后，文章的大意就已经理解了：理解了作者为什么要学习汉语——不是为了找工作，也不是为了旅行，是为了过"变化的不同的生活"。

　　从两个文本训练可以看出，教学环节也不是一成不变的，是根据教学目的、教学方式而灵活应用、变化的。归根结底，教学环节是为了教学目标服务的。

2.2.5 阅读猜测能力的训练

　　学生平时在阅读时总会碰到一些生词，如果逢生词必查词典，既麻烦又浪费时间，而且有时候是不必要和不可能的。一个善于阅读的学生，不会因阅读中遇到生词而立刻中断原有阅读去查阅词典，而往往会尽可能地利用已有的知识经验、利用上下文等语言学习技巧来猜测辨析词义，以保持流畅快速的阅读，加快理解辨别的过程。因此我们说，猜测词语，是阅读过程中最有效的学习策略之一。

　　根据初级阶段学生掌握的汉字数量特点、词汇量、句法句式等语言知识，我们着重要训练学生下面几种词语猜测能力。

2.2.5.1 依据汉字偏旁猜测词义

　　我们知道，汉字是形、音、义的结合体。从形体看，汉字可以分为两大类，一类是独体字，一类是合体字。

　　独体字就是只有一个组成部分的字，像"人、手、口、目、日、月、山、水"等。合体字则是由两个或两个以上的部分组合而成的,像"江、打、花、闻"等。汉字与拼音文字的差异,确实给汉语学习者阅读带来了一定的障碍。然而,汉字的构成又是有一定的规律性的,因为汉字中大部分合体字都属于形声字。据统计,现代汉字中有90%左右都属于形声字。在《大纲》所列的常用1500汉字中,大部分也是形声字,这也是我们阅读教学中可利用的因素,可以变消极为积极,为我所用(当然,汉字经过几千年的发展,有些形旁和声旁都变得不太准确了,但它仍然可以帮助我们学习和掌握汉字,提高阅读水平)。

组成形声字的两个部分,一部分表示字的意义,叫形旁(也叫义符);另一个部分表示字的读音,叫声旁(也叫音符)。同一个形旁和不同的声旁结合,可以构成许多意义相关的字。例如用"木"做形旁,可以组成"梅、枝、棵"等与树木有关的形声字。利用这个特性,便可以训练学生通过形旁来大致判断词语的含义。

文本训练1 先教给学生常用偏旁的大致含义。

氵	三点水旁,跟水有关系	江、河
忄	竖心旁,跟情感有关系	情、快
女	女旁,跟女性有关系	妈、姐、姑
木	木旁,跟树木有关系	树、棵、梅
疒	病字旁,跟疾病有关系	病、疼
扌	提土旁,跟土地有关系	地、场、城

之后让学生猜测下列词语的大致含义:

妹妹　姨妈　痛　尘土　桃树　洗澡　感情

这里,只要学生能说出如"妹妹"跟女人有关系就可以了,教师积极鼓励学生按照偏旁含义继续猜测。教师所举例子要适当,因为有的偏旁与词语含义关系已经不大了,如"好",跟女人没什么关系。如果要猜测这类词语,只能是误导学生,打击其辨识汉字的积极性。

文本训练 2 进入句子后让学生猜测词语的含义。

① 她是我的<u>妹妹</u>，我们都是学生。
② 那个女人是我的<u>姨妈</u>，她是我妈妈的妹妹。
③ 今天我感冒了，<u>头痛</u>。
④ 风很大，<u>尘土</u>很多。
⑤ 我爱吃<u>桃子</u>，我家有<u>桃树</u>。
⑥ 我喜欢早晨<u>洗澡</u>，妹妹喜欢晚上<u>洗澡</u>。
⑦ 妈妈和爸爸<u>感情</u>很好。

这里，比如第二句，学生能比较容易猜出"姨妈"的含义，因为后面有"妹妹"。这里有利用偏旁法，也有利用上下文语境的猜测法则，是个综合运用过程，下面我们还要提到语境的运用。

文本训练 3 在段落中猜测词语含义。

约翰和王中去看张老师。张老师是农业大学的老师，在研究种<u>菜</u>的新技术。他们去的时候，张老师正在教农民用新技术种<u>西红柿</u>。他请约翰和王中参观<u>菜</u>园，一边参观，张老师一边介绍说，这儿生产的都是绿色菜。

学生在学过"艹"表示跟草、草类植物有关的含义后，大概可以猜出"菜"的含义。"西红柿"，学生或许可以猜出是一种"树"，因为有木字旁。利用偏旁猜测不可能非常准确，只能猜出大类。但这样就已经非常好了，值得鼓励。因为猜测汉字含义教学本身，一方面是告诉学生汉字有一定的规律性，不要产生畏难情绪；另一方面也是给学生展示一个丰富的、有趣味的汉字世界，激发学习的兴趣。初级阶段，兴趣教学、呵护学生学习热情也是我们要特别注意的。

2.2.5.2 依据语素猜测词义

（1）什么是语素？

语素是最小的语法单位，也就是最小的语音、语义结合体。一般说来，语素与语素根据一定的规则组合成词，整个词的意义和它的构成语素之间有直接关系。"和平"、"竞争"、"流水"、"飞船"、"安心"、"鼓掌"、"心慌"、"地震"等词的词义都是两个语素意义的集合。"船只"、"车辆"等特殊组合的词,后面那个表量词的语素也是有意义的,我们不能把"船只"说成"船本","书本"不能说成"书只",因为船是论"只"的,书是论"本"的。下面还会举例具体说明。

（2）单纯词与合成词

汉语词的结构分析,通常以字为单位展开。在多数情况下,一个汉字代表一个语素。由一个语素构成的词,也就是只有一个词根或本身是词根的词,为单纯词。凡是单音节的词都是单纯词。如"人"、"马"、"山"等。又可分为三种特殊的形式：叠音（猩猩）、双声（吩咐）、叠韵（骆驼）。由两个或两个以上的词素合成的词,也就是在意义上一般能分开的词,为合成词。现代汉语多数合成词是由两个语素构成,有的是实词语素与实词语素构成,如"胜利"、"白菜"；有的是实词语素与虚词语素构成,如"椅子"、"歌手"等。

（3）合成词的六种主要构成关系

① 两个语素之间的关系是平等的,不分主次,它们之间是联合关系。例如：

朋友　语言　斗争　伟大　勇猛　刚才
是非　开关　东西　迟早　反正　彼此

② 两个语素有主次之分,它们之间是偏正关系,前一个语素是描写或限制后一个语素的。例如：

火车　铁路　优点　重视　雪白　只要
石器　花心　善意　豪情　前门　飞船

③ 两个语素之间有一种支配关系,前一个语素表示一种行为动作,后一个语素表示受这个行为动作支配、影响的事物。例如：

革命　带头　动员　有限　干事　绑腿
守旧　安心　知己　失信　认输　鼓掌

④ 后一个语素是对前一个语素加以陈述说明的,它们之间是陈述关系。例如：

地震　冬至　心疼　年轻　性急　胆怯
日出　心慌　口渴　民用　自愿　体重

⑤ 后一个语素是补充说明前一个语素所表示的行为动作的结果的，它们之间是补充关系。例如：

说明　提高　看见　推广　降低　认清
打败　缩小　改正　打倒　证明　揭露

⑥ 前一个语素表示事物，后一个语素指明这种事物的计量单位，它们之间的关系比较特别。例如：

船只　纸张　人口　房间　枪支　书本
车辆　马匹　灯盏　布匹　米粒　花朵

（4）依据语素知识进行教学

了解了汉语语素的特点，它和汉字、词汇的关系，对学习汉语、教师教授汉语是极有用处的。然而语素的概念比较抽象。教师讲授这部分内容的时候，不要过多地讲理论分析上的问题，可以结合上面的复合式语素的构成情况，把语素的知识结合到汉字教学、词汇教学里讲，通过大量的、多种多样的练习去教给学生。让学生不必每个词语都去查阅词典，训练学生通过语素常识去猜测不认识的词的含义，这样不仅能提高学生识字、辨识词语的兴趣，也能扩大其词汇量，掌握汉语的一些构词规律，促进其阅读理解。

文本训练1　教师让学生阅读下面词语，并找出规律。

　　足球　篮球　排球

学生能很快找出，他们都有"球"。在明白了这些词的含义后，教师可以写出下面没学过的词语，让学生猜测：

　　水球　棒球　冰球

学生此时一定恍然大悟而且具有成就感。因为他们只要认识"冰"、"水"等几个词，无需查阅词典，便可基本明白这些词语一定是一种"球类运动"。

文本训练2　利用语素知识识别词语并填空。

　　提高　提速　提前

① 最近，大卫学习很努力，他进步了，因为他的成绩_____了。

② 在中国，火车越来越快。从上海到北京，十个小时就可以了。火车_____了。

③ 他每天来学校很早，八点上课，他七点半就来了。他喜欢_____来。

在此，学生一般是学过"高"、"前"等词语的。根据这些语素的含义，再结合句子上下文，可以进行猜测，并寻找出正确答案。

文本训练3　阅读句子，之后利用语素知识识别画线词语含义。

① 在北京，很多出租车司机都会说一点德文。
② 北京有很多外国公司和银行，但是没有有名的饭馆。
③ 北京是一个很现代也很古老的城市。
④ 北京人喜欢晚上在公园或者路边练习说英文。

"中文"，学生基本都知道，因而大体可以猜测出"德文"是一种语言；"吃饭"，一般都学过了，那么"饭馆"一定是跟吃饭有关的事物；"老"，学生容易知道，那么"古老"即使不知"古"的含义，也不影响对句子的理解，只要知道"老"、"北京是很老的城市"也便可以了。在"路"是学过的词语的前提下，"路边"便是跟"路"有关的一个地方。

文本训练4　阅读段落，之后利用语素知识识别词语含义。

北京的出租车司机很热情。很多司机都会说一点英文，有的说得很不错。在出租车上，司机很喜欢跟你说话。他们知道的事情很多，他们的想法也很有意思。我每次到城里去，都喜欢坐出租车。坐出租车不太贵，而且我还可以跟司机练习中文。

教师在教授过"车"之后，可以让学生猜测"出租车"的含义。学生学习汉语，所以都能知道"中文"的含义，然后让学生猜测"英文"的含义。根据"车"这一语素的意思，学生大体可以知道，"出租车"一定是"一种车"，一种"交通工具"。猜测到"英文"是一种"语言"。这里也就是激活了学生头脑中的语言图式、结构图式，让学生对汉语产生初步的类推能力。

在汉语教学中，语素的地位很重要，懂得语素的知识之后，能够更好地辨认词义。教师教学时尤其要注意保护学生的积极性、调动学生的积极性，让他们在初级阶段便感觉汉字词语辨识理解并不是没有规律的，是可以通过一些方法掌握的。

2.2.5.3 依据上下文猜测词义

（1）依据上下文词语猜测词义

在阅读句子时遇到了生词，我们还可以通过生词前后的部分——句内的上下文来猜猜句子的意思。因为有时候，句子有一部分内容本身就为我们解释了生词的意思，完成了词语的互释。比如：

妈妈每天说话特别多，<u>喋喋不休</u>，说个没完。

这个成语是学生没学过的，但是通过前面的"说话特别多"，后面的"说个没完"，可以大体猜测出它的含义，应该是跟上下文的含义差不多的。这里，作者自己在句子中就有了互释，就不需要遇到生词便查词典了。

文本训练1　阅读下列句子，根据上下文，猜测画线的词语的含义。

①她说话声音很大，很<u>粗</u>，像男人一样。
②他是一个非常<u>内向</u>的人，不跟别人说话。
③一个月检查一次太多了，太<u>频繁</u>了。
④我的女儿很<u>温顺</u>，就像小羊一样。
⑤一连几个月没下雨，树都<u>旱</u>死了。

第一个句子，因为前面有"声音很大"，后面有"像男人一样"，那么大体可以猜测出"粗"的意思是声音大而且低沉。即使学生无法用汉语表述出来，但含义可以基本理解。第三个句子，"一个月检查一次太多了"，"多"学生一般都知道，那么可以猜测到"太频繁了"中，"频繁"的含义应该跟"多"差不多一样。其他几例同理。

文本训练2　阅读下列段落，根据上下文，猜测画线的词语的含义。

今天小文在路上开车，他爸爸妈妈也在车上。前面，有一个警察让他停车。警察对小文说："先生，您的驾驶证。"小文说："我没有。"

"什么？你没有驾驶证？"

"警察先生，他说的都是<u>醉话</u>。"他妈妈说。

"什么？你是喝酒后开车吗？"警察说，"好吧，我来开车。"

"我告诉你，你不要开车，这不是我们的车。"他爸爸说。

警察生气了："什么？这是你们<u>偷</u>的车吗？"

这里，"醉话"一词的含义可以通过"喝酒后开车"大致猜出，因为"话"的意思学生一般知道是"说话"。根据"这不是我们的车"大致能猜出"偷"的含义，他们开的是"偷来的车"。

（2）依据上下文句法关系猜测词义

在初级阶段，我们可以教给学生汉语句子的常见结构，即：主语——谓语——宾语（在学生水平稍高后也可以教给他们"作业我写完了"这样的句子结构）。人们说一句话，一般的情况是，先提出一个人或一件事情，这个提出来作为句子陈述对象的成分就是主语；接着，人们要对所提出的人或事物进行陈述，即说明所提出的那个人或事物做了什么、怎么样或干什么，这个对主语进行陈述的成分就是谓语。所以汉语的基本结构就是：谁 + 做什么。

比如："我喜欢你"这个句子，"我"是主语，"喜欢"是谓语。"喜欢你"，是"我"做的事情。在名词代词前的为定语，比如："聪明的孩子"。定语是描写那个名词的性质、状态的。知道了这些后，我们的猜测教学便可以基于此，开始一些基本训练了。

文本训练1 阅读单句后，指出画线词语的大致意思。

① 那个你不喜欢的<u>家伙</u>来了。
② 那个孩子跑得太快了，他<u>摔倒</u>了。
③ 你的那件<u>脏</u>衣服应该洗了吧？

根据已知的汉语句法结构，学生一般知道"来"的含义，那么，大体可以猜测出"家伙"是个"人"；"孩子"也是学过的，"摔倒"的含义可能不知道，但是基本可以猜出是孩子发出的一个"动作"；"衣服"、"洗"一般学过，那么，"脏"的含义也大体知道是"衣服怎么了"，是消极含义。当然，这种猜测不能很准确地知晓词语答案，一般说来，要与其他方法结合会更好。

在这种训练中，教师的目的不应该是让学生猜测出词语的准确含义，而是要培养学生对汉语结构的意识，培养学习汉语的兴趣。只要学生能大体猜出是"人"或者"动作"就可以了，不能打击学生的积极性。至于这个被猜测的词语到底是什么意思，要结合前后句子、结合其他阅读方法来最终确定。

文本训练2 阅读段落后，指出画线词语的大致意思（注意文化内涵）。

春节是中国人一年当中最大的节日。

过新年我最喜欢贴"春联"！妈妈告诉我，让我去找春联，贴在我家门上。我找到了两副春联……大年初一（春节第一天），我们就开始拜年。拜年也可以得到压岁钱。先是向爷爷奶奶拜年，祝爷爷奶奶在新的一年里身体健康。

这里，学生能说出"春联"是一个跟春节有关的东西，而且要"贴在门上"就非常好了；能猜出"拜年"是一个行为，而且要给"爷爷奶奶"做的行为，是在春节第一天做的一件事情就很值得鼓励了，毕竟这里需要有阅读背景。如果学生已经了解了中国的春节，那么比较容易激活他们的背景图式，更容易猜出正确答案。

这类依据句法关系的猜测，应该在学生有一定词汇积累后进行。

2.2.5.4 依据词语结构猜测词义

这里我们所说的词语结构是指下面几种：ABCC、AABB、ABAB、ABB形式的词语。这些词语在阅读中遇到时，经常在结构中会出现生僻词语，但是如果我们能教给学生方法，学生便可以凭借已经学会的部分词语猜测到这个词语的基本含义。

ABCC式结构：喜气洋洋、白发苍苍、热气腾腾——后面的"苍苍"等重在描摹，即使没学过，也不影响理解。

AABB式结构：病病歪歪、清清楚楚——后面的词语即使没看过，或者汉字比较难学、难写，依据前面的"病"、"清"也大体知道含义。

ABAB式结构的成语占多数：一心一意——"心"、"意"的意思接近，所以教师可以依据其中之一，教学生猜测另外对应词语的含义。

ABB式结构：绿油油、黑黝黝、慢腾腾、香喷喷、水灵灵、胖嘟嘟——这里，后面的BB词语都重在描摹，即使不知道，也不大会影响对整体词语的理解。

文本训练 1　猜测下面词语的含义。

① 他的爷爷已经很老了，<u>白发苍苍</u>。
② 妈妈刚做好的饭，<u>热气腾腾</u>的。
③ 奶奶身体不好，每天<u>病病歪歪</u>。
④ 那件事情我都知道了，<u>一清二楚</u>。
⑤ 春天来了，外面<u>绿油油</u>的。
⑥ 那个孩子的眼睛很漂亮，<u>水灵灵</u>的。

在这里，学生依据前面的句子含义，再看这个词语本身，比如第五句，"春天"、"绿"，就基本理解了句义，即使不知道"油油"也丝毫不影响理解。在这一训练过程中，教师要注意，主要是让学生揣摩汉语构词的一些规律，让他们在规律中揣摩、学习。

文本训练 2　阅读段落后，猜测下面画线词语的含义。

　　春节的晚上，接到一位朋友的电话，问他现在怎么样。他说："我现在已<u>白发苍苍</u>了。"我没说什么，有点难过。朋友才四十五岁。

本段中，学生依据年龄，依据"白发"的含义，很容易猜测出"白发苍苍"的含义。

2.2.6 阅读理解能力的训练

2.2.6.1 理解长句的技巧

有时，我们读到很长的句子，里面还有一些生词，这会让刚学汉语不久的学生很头疼。由于我们阅读要求并不高，尤其是在略读时，没必要弄懂每个词的意思，也不需要弄清楚每个句子的准确内涵，因此，我们要学会"跳跃地"对待这些长句子，教师要教学生学会寻找其中的关键部分，略去不重要的部分。

文本训练 1　抽取句子主干法。

① 他在北京参观了故宫、颐和园、天坛等名胜古迹。

② 北京动物园里有大象、猴子、河马等很多种类的动物。

③ 他慢腾腾地走到最靠里面的那个房间去了。

这几个句子，对于初级学习者来说，都是比较长的了。那么如果是略读，就可以教给学生抽取主干，抓住最核心的部分：主语——动词——宾语。比如第一个句子，就是：他参观了名胜古迹。第二个就是：北京动物园里有很多动物。第三个句子就是：他走到房间去了。在精读或者学生水平很高时，可以练习对其他部分的理解。如：动物园里有哪些动物？但目前我们只抽取主干便可以了。

文本训练 2　忽略例子法。

① 北京有很多名胜古迹，比如故宫、天坛、颐和园什么的。

② 北京动物园里有很多动物，例如猴子、河马、大象等等。

这里我们要教给学生，在略读、跳读时，看见"例如"等词语，可以忽略，直接记住前面的核心内容就好。

2.2.6.2 理解篇章的技巧——寻找段义句、寻找作者观点

阅读时，尤其在略读训练中，教师常常会让学生寻找段义句、作者观点，希望学生对段落篇章有一个整体把握。那么是否有什么方法呢？一般说来，段义句常常在一个段落的开头或者结尾；作者的观点常常在文章的第一句或者最后一句，也可以出现在文章的题目中。学生知道了这些"窍门儿"，再寻找起来就会快多了，也更能整体理解文章的含义。

文本训练 1　寻找下面段落的段义句。

<u>在北京，你可以吃到很多国家的饭</u>。这里有日本菜、韩国菜，还有法国菜。听说日本菜很贵，也很少，我的朋友说他常常吃不饱。韩国菜很辣，也很好吃。法国菜我还没吃过，以后去尝尝。

这里，按照刚才教授给学生的方法，我们很容易找到，第一句就是这里的段义句。下面都在介绍别的国家的饭菜，都是围绕第一句展开的。

文本训练 2 寻找下面文章中三个段落的段义句以及作者的观点。

我喜欢这里——北京

　　北京有很多有名的地方。比如长城、故宫，还有北海公园什么的，也有很多好玩的胡同。
　　北京也是一个很现代的城市，这里有很多高楼，有很宽的道路，有许多汽车，也有很多外国公司、银行和有名的饭馆。
　　在北京，你可以吃到很多国家的饭。这里有日本菜、韩国菜，还有法国菜。听说日本菜很贵，量也很少，我的朋友说他常常吃不饱。韩国菜很辣，但很好吃。法国菜我还没吃过，以后去尝尝。
　　我喜欢北京。

这篇文章写得非常清楚，层次分明。第一段的段义句是：北京有很多有名的地方；第二段的段义句是：北京也是一个很现代的城市；第三段的段义句是：在北京，你可以吃到很多国家的饭，都是段落的第一句。作者的观点在文章的最后，或者说在标题里面：我喜欢北京。

教学时，教师可以将核心段义板书到黑板上，之后分析具体段落在描写什么，最后自然归纳出全文的观点。层次分明，学生理解起来也更加容易。

2.2.6.3 理解标点符号

常用的标点符号有 10 种，分点号和标号两大类。

点号的作用在于点断，主要表示说话时的停顿和语气。点号又分为句末点号和句内点号。句末点号用在句末，有句号、问号、叹号 3 种，表示句末的停顿，同时表示句子的语气。句内点号用在句内，有逗号、顿号、分号、冒号 4 种，表示句内的各种不同性质的停顿。

标号的作用在于标明，主要是标明语句的性质和作用。常用的标号有 9 种，即：引号、括号、破折号、省略号、着重号、连接号、间隔号、书名号和专名号。

在初级阶段，我们主要教授学生如下几种常用标点就可以了。

第一种：句号

句号的形式为"。"。句号还有一种形式，即一个小圆点"."，一般在科技文献中使用,汉语学习者一般很少遇到。

陈述句末尾的停顿,用句号。例如:"北京是中国的首都。"语气舒缓的祈使句末尾,也用句号。例如:"请您稍等一下。"

第二种:逗号

逗号的形式为",",句子内部主语与谓语之间如需停顿,用逗号。例如:"我们学的东西,都是很有用的。"句子内部动词与宾语之间如需停顿,用逗号。例如:"应该看到,他很努力。"句子内部状语后边如需停顿,用逗号。例如:"对于这个城市,他不太喜欢。"复句内各分句之间的停顿,除了有时要用分号外,都要用逗号。例如:"虽然北京故宫很有名,可我还没去过。"

第三种:问号

问号的形式为"?"。疑问句末尾的停顿,用问号。例如:"你叫什么名字?"反问句的末尾,也用问号。例如:"你不是我朋友吗?"

第四种:叹号

叹号的形式为"!"。感叹句末尾的停顿,用叹号。例如:"我多么喜欢他啊!"

语气强烈的祈使句末尾,也用叹号。例如:"你出去!"

第五种:冒号

冒号的形式为":"。用在称呼语后边,表示提起下文。例如:"同学们:现在上课了。"用在"说、想、例如、如下"等词语后边,表示提起下文。例如,他说:"你来了啊!"用在总说性话语的后边,表示引起下文的分说。例如:"北京有很多名胜古迹:长城、故宫、颐和园等。"

文本训练1 阅读下面句子,注意标点符号。

北京的出租车司机怎么样呢?他们都很热情,很多司机都会说一点儿英文,有的说得很不错。

这里教师可以结合句子情况,讲解标点的使用,这也为以后的汉语写作铺路。

文本训练2 阅读下面一封信,注意标点符号错了没有。如果错了,怎么改正?

亲爱的爸爸妈妈!
　　你们好，奶奶。小妹也都好吧。很想念你们，
　　我这里都很好，你们放心吧?
　　我每天努力学习汉语，也努力运动。
　　希望你们快乐!
　　　　　　　　　　　　　　　　你们的女儿!玛丽!

　　这里，有下画线部分是标点使用得不恰当的地方。根据前面讲的标点常识，怎么改正呢？称呼后面该用冒号"："，"你们好"后面该用叹号"！"，"奶奶"和"妹妹"中间该用顿号"、"等。正确的文本如下：

亲爱的爸爸妈妈：
　　你们好！奶奶、小妹也都好吧？很想念你们！
　　我这里都很好，你们放心吧。
　　我每天努力学习汉语，也努力运动。
　　希望你们快乐！
　　　　　　　　　　　　　　　　你们的女儿：玛丽

第2.3节　阅读教学中的几个要点问题

2.3.1 教学难点

2.3.1.1 语言难点

（1）汉字识别难点

我们知道，许多汉字看起来形似，意义却相差很大，这就是"形近字"。一

笔一画，点的位置不同，长短不同，都会造成差异，构成不同的汉字。因此，阅读教学中，汉字辨识是要训练的一个重要能力。例如：

① 笔画相同，位置不同，如"人"和"入"。
② 字形相近，笔形不同，如"己"和"已"。
③ 字形相近，偏旁不同，如"说"和"悦"。
④ 字形相近，笔画不同，如"木"和"本"。

这类汉字的教学，教师可以先讲解字之间的差别提醒学生注意：汉字笔画长短、偏旁的位置、点的位置等，都会影响到汉字本身，比如那个"己、已"。出一点儿头，整个字就变了，变成别的字了。

但讲解之后，最好在词语中识别而不是孤立地识别。比如：

人、入

如果让学生单独辨识，由于缺乏其他汉字参考，错误率会更高，会削弱其识别汉字的积极性。如果这样：

人们、好人、进入、入门儿

学生辨识的能力会加强，兴趣也更高。在学生水平稍高、汉字有一定积累后，也可以进入到简单句子中辨识汉字：

① 人们说他是好_____。（人、入）
② 进_____教室上课吧。（人、入）

除了形近字，还可以让学生识别发音相同、意思不同的汉字。让他们用选择的方式完成：

① 学校附_____有一个商店。　　（A.进　B.近）
② 那件事_____还没做。　　　　（A.请　B.情）
③ 他今天没有迟_____。　　　　（A.到　B.道）
④ 你的_____学很着急。　　　　（A.童　B.同）

通过这些汉字辨识，给学生初步树立起汉字微小的笔画变化便会产生差异性的概念，同时，帮助学生一点点地积累汉字、积累汉字知识。

（2）语法难点

阅读句子时，会碰到一些语法难点。比如：

① 我现在饱极了，不饿了。

② 大学三年级的时候，我学过中国历史。

如果老师不注意这里的画线部分，就很难提出相关的问题。这里，"了、过"表示什么？表示变化和经验经历。学生如果不知道这个语法，就很难理解下面句子的差别：

我不饿。

我不饿了。

我学中国历史。

我学过中国历史。

那么碰到这些难点怎么办？这取决于教师所采取的阅读方式。如果是略读、跳读等，可以基本忽略；如果教师要精读、要学生完全理解，那么就要简单讲解这些语法点。因为这类语法点影响了学生对句子的精确理解。讲解完语法点后，教师可以出一些相关练习给学生做，看他们是否掌握了。如：

我是老师了。

春天了。

我去过北京。

（3）长句理解难点

由于学生水平有限，阅读时要控制句子长度。如果碰到较长句子，我们怎么办呢？要教会学生先去寻找主要动词，然后再寻找宾语，再寻找其他内容。比如：

我在北京语言大学教过九个月的中文。

教师提问：

动词是什么？——学生回答：教。

教什么？——中文。

在哪里教？——北京语言大学。

教了多长时间？——九个月。

也可以采取这样的方式练习：给一个长句，让学生在其他的句子中寻找含义相同的句子，让学生选择。如：

词典下边有老师的一本汉语书。(　　)

A. 老师的那本汉语书在词典上边

B. 词典上边是一本汉语书

C. 词典下边有老师的汉语书

学生选择对了，说明他也明白了长句的含义了。

（4）复句逻辑关系难点

阅读时要教会学生抓住关联词语，这对准确、快速地理解句子的意思非常重要。因为用不同的关联词语连接，两个句子之间的逻辑关系就不一样了，自然意思也不同了。比如：

因为他每天运动，所以身体很好。

他之所以身体很好，是因为他每天运动。

他为了身体好，每天去运动。

如果要身体好，就要每天运动。

凡是身体好的人，都是每天运动的人。

这些句子，看起来内容相同或差不多，但用了不同关联词语，句子的含义就发生了变化。所以，在理解复句时，词语的逻辑关系也是要特别注意的。

（5）篇章结构难点

学生在读较长的文章时，常会感觉一大片汉字铺在那里，很头疼。教师此时要尽可能帮助学生理清篇章结构脉络，将整篇文章化小、化简。具体的办法可以采取"提取关键句子法、寻找时间脉络法"等，核心思想就是教师根据语料，将文章的结构脉络先把握清楚，之后化繁为简。比如：

这学期我一共学四门课。除了历史和文学以外，我也学音乐跟书法。

历史课的老师教我们中国历史，他很有趣。

文学课我们学一些中国的小说。文学课老师是一位女老师，她很认真。

音乐课老师教我们唱中国歌。

书法课我们慢慢地写汉字。我小时候就想学中国书法，现在真的有机会学了，我非常高兴。

这些课都很有意思。

教学时，教师可以让学生寻找关键句子、关键词语。找到之后，课文就简化成了这样：

这学期我一共学四门课。

历史课……

文学课……

音乐课……

书法课……

这些课都很有意思。

这时，学生头脑中的逻辑思维图式便被激发出来了，形成了清晰的条理，不再是一大片令人头疼的汉字了。再有：

我每天都很忙。

上午，我学习四个小时汉语。

中午，跟中国朋友一起吃饭。

下午，我们去打网球。

晚上，一起看电视、聊天。

大约 11 点，我上床睡觉。

这里主要是时间脉络。教师将最重要的事件提取出来，整篇文章就变成了：

我每天都很忙。

上午，……

中午，……

下午，……

晚上，……

大约 11 点，……

学生再读起来，就一目了然。教师也可以依据时间，进行阅读文章问答处理。

2.3.1.2 文化难点

（1）文化背景难点

文化背景难点主要是指阅读时，由于学生对中国文化的了解不够深入，与文化相关的因素进入到阅读语料中时，影响了他们的阅读速度。比如这样的阅读文章：

> 春节是中国人一年当中最大的节日。
>
> 过新年我最喜欢贴"<u>春联</u>"！春节前一天，妈妈说，让我去找<u>春联</u>，贴在我家门上。我找到了两副<u>春联</u>……大年初一（春节第一天），我们就开始<u>拜年</u>。拜年也可以得到<u>压岁钱</u>。先是向爷爷奶奶<u>拜年</u>，祝爷爷奶奶在新的一年里身体健康。

对于不熟悉中国春节节日习俗的外国学生来说，读起来相当吃力。画线部分的词语，都是他们阅读的"绊脚石"。所以，这就要求我们，在阅读时可以先学习一般语料，当学生词语积累到一定程度时，开始进入基本中国文化常识。不了解文化背景，很难深入了解那个国家的语言。教师教授这类文章时，不能单纯将其看作"有生词的语料"，而要敏锐地注意到其中的"文化因素"。如果学生用他的母语已经读过关于春节的故事，相信他阅读上面的语料会容易得多。

（2）文化理解难点

文化知识背景需要学习、了解，更需要理解。也就是说，学生在知道了中国春节人们做些什么之后，要进一步明白：他们为什么做这些？做这些事情意味着什么？这就关乎文化理解。比如这个：

> 春节那天，我们一家人吃完晚饭，准时地坐在电视机前收看"<u>春节联欢晚会</u>"。我们看得很高兴。
>
> 快到十二点了，外边开始放鞭炮。
>
> 我和弟弟也拿着鞭炮跑到屋外。在鞭炮声中，<u>我心想："新的一年来了。我希望在新的一年里，我的学习能更好。</u>
>
> 我喜欢过新年。新年能看"春节联欢晚会"，能放鞭炮……最重要的是能和大家一起快乐。过新年真好呀！

学生可能每个词语都明白，也清楚这一家人都"做"了什么，可是，外国学生大概不明白这些：

> 为什么春节要一家人一起看"春节联欢晚会"？
>
> 为什么放鞭炮？
>
> 为什么一边放鞭炮还一边想新的一年的希望？

只有当教师将这些背景知识讲解清楚了，学生才能算真的明白了：正是这些传统的春节民俗，如春联、年画、鞭炮、龙灯、狮舞、团圆饭、拜年、庙会、社火、压岁钱，以及新民俗春节联欢晚会等，才营造出了浓郁的春节气氛，才构成了中国最大的节日。

2.3.2 教学中要注意的问题

2.3.2.1 结合学生水平控制不同语料难度

阅读课对语料难度有一定的要求。一般说来，根据学生目前的水平，稍微高一点儿、让学生稍微踮起脚尖能够到是最好的。在语料选择上，要注意下面几个问题：

（1）生词比例的控制与所运用的阅读方式有一定关系

一般说来，阅读课的生词在5%左右比较合适，但我们并不是说就一定不能超过这个量，生词量的控制，与教师所选择的阅读教学方式有关。比如，如果用跳读、查读等方法教学时，生词量稍多一些关系不大，只要不影响学生查阅相关信息即可。如果是精读，那么生词量不能太高，否则，学生频繁翻阅词典，会有严重的挫败感。这便关系到下面的问题：提高学习兴趣的问题。

（2）初级阶段，要提高学生学习汉语的兴趣

提高学生的学习兴趣，除了生词的控制外，还要注意句子长度、语法等的控制。句子太长、学生寻找不到关键动词与宾语、有陌生的语法句式等，都会降低学生的阅读速度，是影响理解的主要原因。语言上的难度减轻了，学生的阅读兴趣也容易调动起来。

除了语言因素外，语料的趣味性、教学手段的丰富性也是我们要考虑的。比如好玩的小故事、色彩丰富的图片、实用的地图等，都能调剂课堂气氛。

初级阶段，学生刚从拼音文字等习惯的母语中出来，接触表意文字，本身就较为困难。那么，教师综合运用丰富的文化知识、语言知识，使得学生对汉语发生兴趣，从浅入手，循序渐进，尽最大力量抓住学生而不使他们对汉语望而生畏，是特别重要的。

（3）提升学生的学习成就感

有了学习兴趣，下面就是巩固兴趣，提升汉语学习的成就感。教师把握好"学习——复习——再学习"这一教学基本规律，把握好教学进度，让学生感觉

这一阶段"小有所得"。可以通过小测验、小考试等，检查、督促学习。也可以结合课外读物，比如学过了阅读请假条，就把一个真的请假条拿来读，让学生更有成就感。

对于水平参差不齐的学生，教师要能给不同的学生不同的学习成就感。上课提问等区别对待，问题的难度也要区别对待，不同的学习年龄（如儿童等）也要区别对待。总之就是要求教师结合自己班级情况，具体问题，具体分析。

2.3.2.2 结合学习目的运用不同训练方式

我们在前面讲了许多训练方式，但具体到课堂上，还需要教师视情况而定。

（1）技能训练的单项运用

有时，不同的教学目的、不同的技能培养，要求教师选择不同的训练方式。比如我们今天要找数字，那么就采取跳读的方式，学生直奔主题即可；再比如今天的课文层次清楚，段落分明，我们要找关键句子，那么我们就用略读的方式；如果今天是汉字偏旁的猜测，那么就要将讲解和练习结合起来，将文化与语言结合起来。

（2）技能训练的综合运用

更多的时候，是多项技能的综合训练。比如读句子："今天他上街买了衬衫啊、领带啊、裤子啊很多东西。"句子有点长，我们可以先跳读：他今天买什么了？好的，是"买——东西"。教师可以带领学生迅速找到核心动词和宾语。然后，学生大概不知"衬衫、裤子"的含义，但根据猜测技巧，"买东西"，可以判断哪些是他买回家的物品。根据汉字偏旁规律，"衣"字旁，可以猜测到，一定是一种衣服。

这里我们就用到了——猜测法、跳读寻找主干法等技巧。

还有在读文章的时候，有的段落可以精读，有的段落可以略读，有的段落可以查读某个信息就好了，这里，我们用了——精读、跳读、查读技能结合的方法。

教学有法而无定法，需要教师灵活掌握。

2.3.2.3 结合课程设置运用不同教学方式

有些汉语培训机构，由于各种原因，汉语课程的设置范围可能不太全面，这就需要教师结合课程设置，采取不同的教学方式。

如果没有相应的语法课，阅读中也可以简单教授一些语法、词语的运用、汉字的书写等。

如果没有单独的说话课，只有一本书、一门课，那就要考虑，上课时兼顾听说读写，将阅读与问答、讨论等结合起来。教师也不能拘泥于阅读课型本身，要考虑到所在汉语教学机构的整体课程安排。

读写结合、读后写、以读促写的训练

第3章

第 3.1 节　本教学法的理论依据与教学现状

3.1.1 基于"输入假设""输出假设"理论的阅读后模仿式写作

前面第一章谈到了阅读先于写作的问题，认为对语言学习者来说，只有大量的阅读积累，才可能有后面的写作输出，写作是一种更高的语言能力。是语言学习到语言运用的过程，是内在化的过程，是对已学过的语言知识的全面检查。下面我们分别从第二语言学习两个著名假设的角度，继续探讨输入（阅读）与输出（写作）的问题。

3.1.1.1 Krashen：输入假说（The Input Hypothesis）

克拉申认为，只有当习得者接触到"可理解的语言输入"（comprehensive input），即略高于他现有语言技能水平的第二语言输入，而他又能把注意力集中于对意义或对信息的理解而不是对形式的理解时，才能产生习得。这就是他著名的 i + 1 公式。其中，i 代表习得者现有的水平，1 代表略高于习得者现有水平的语言材料。根据克拉申的观点，这种 i + 1 的输入并不需要人们故意地去提供，只要习得者能理解输入，而他又有足够的量时，就自动地提供了这种输入。该假设认为"可理解输入"是习得外语的唯一途径。

在这里，克拉申特别强调的可为我们借鉴的两点是输入材料的趣味性与学习者足够的输入量时。这两点在前面的阅读教学中已经得到遵循，在后面的模仿写作中继续加以发扬。这里，克拉申所强调的输入，可以理解成我们所说的"阅读"。克拉申的这一理论为第二语言教学、语言习得做出了巨大的贡献。

然而，在大量的输入之后，学习者的输出能力又怎样呢？

3.1.1.2 Swain 的输出假设 (Output Hypothesis)

加拿大多伦多大学学者 Merrill Swain 博士发现，在一些法语听力和阅读理解（输入性）测试中，第二语言学习者的成绩与同龄的以法语为母语的学生成绩相差无几。但是，非常令人吃惊与遗憾的是，这些大量输入式学习的学生的说和写的能力远远不如以法语为母语的学生的水平。这些发现使 Swain 对"输入假设理论"，尤其是对"可理解输入是二语习得的唯一充分条件"（Krashen 1984：61）的观点产生了质疑。

在相关研究基础上，Swain 提出了输出假设 (Output Hypothesis) 概念，认为输出具有三种主要功能：

首先，输出具有引发注意的功能。也就是说，当学习者试图输出目标语时，他们能够注意到自己不能准确地说出或写出想要真正表达的意思。换言之，某些情况下，输出目标语的活动能促使二语学习者注意或认识到自身的语言问题。

其次输出有假设检测的功能。学习者在输出时，会尝试着用恰当的目标语词汇或形式说出或写出自己的想法。学习者自己便会激活大脑存储，对目标语进行筛选。

第三个功能便是输出的反省功能。这一功能指的是学习者反省自己输出的语言正确与否、得体与否，在这样的输出的过程中，学习者会进行适度的修补与修订，对学过的知识进行过滤，从而反过来促进第二语言的学习。

这一观点从理论上，强化了输出的必要性，对汉语教学尤其是写作教学具有很大的参考意义。

3.1.1.3 基于上述两种假设的阅读后写作教学

输入是语言学习的手段，是习得的先决条件，是基础。输出呢，不但是学习的目的，更是习得的必要途径。没有输出，比如没有写作课，学习者就不会敏感地注意到一些语言形式，如汉字的偏旁、近义词语的细微差别等问题，不会清楚地意识到，根据上下文，是否该用"把"字句等。可以说，没有输出，就不会使输入内化和吸收，以达到最佳效果。只有二者结合，才能促进二语习得的进程，提高学习效率。

为了使得学习者在学习中尽可能地缩短从输入到输出的时间，针对汉语初级学习者，我们主张写作的教学与阅读教学密切结合，在阅读后模仿进行。从语言学习的角度，我们认为原因有如下几个：

第一，学习者阅读大量汉字可以增强偏旁意识，会增进写偏旁的正确率，更能将偏旁与汉字意义结合起来，体会汉字特点；

第二，学习者读词后用词，学某个语法点后用这类语法点表达，会更加规范，能增强学习的自信心；

第三，阅读的篇章框架为写作者提供了参考的蓝本，保证了篇章结构的规范性。

事实上，模仿并不是教学的终极目的。初级阶段，我们更强调的是"以写促学"，也就是说，学生在写的过程、输出的过程，发现了自己的错误，如某个偏旁写错了，便开始回去寻找正确的写法，这也就是前面 Swain 提到的输出功能的具体体现。写，不是单纯的输出，而是为了更好地学习、更好地输入，是对输入正确性的检测。

3.1.2 适用于初级阶段的写作教学理论

3.1.2.1 支架式理论与写作教学

这种教学思想是来源于苏联著名心理学家维果斯基（Vygotsky）的"最邻近发展区"理论。维果斯基认为，在儿童智力活动中，对于所要解决的问题和原有能力之间可能存在差异，通过教学，儿童在教师帮助下可以消除这种差异，这个差异就是"最邻近发展区"。教学绝不应消极地适应儿童智力发展的已有水平，而应当走在发展的前面，不停顿地把儿童的智力从一个水平引导到另一个新的更高的水平。

建构主义者正是从维果斯基的思想出发，借用建筑行业中使用的"支架"(Scaffolding) 来对自己的主张进行形象化的比喻，认为支架式教学应当为学习者对知识的理解提供一种概念框架 (conceptual framework)。这种概念框架可以促进学习者对问题的进一步理解，为此，事先要把复杂的学习任务加以分解，以便于把学习者的理解逐步引向深入。通过这种脚手架的支撑作用 (或曰"支架作用"）,不停地把学生的智力从一个水平提升到另一个新的更高水平，不停地将教学一步步地深入下去，真正做到使教学走在发展的前面。

在初级阶段写作教学中，应用支架理论，有如下作用：

第一，写作教学情境不可能永远是真实的，支架教学可以避开以往片面强调真实语境的不现实的教学方式，从而避免了低效率的学习。如教师要求学生给父母写一封信，对学生来说，这样的事情可能是很不真实的，因为他极少给父母写信。那么，我们利用支架教学，在小组讨论中，可以逐步搭出信的框架、语言结构等，这样，学生也学会了如何写作这封信，并且，小组活动、其他学生的踊跃发言，可以避免学生对因"不真实"而产生的排斥写作的心理。

第二，学习支架让学生经历了一些更为有经验的学习者（如教师、其他优秀学生）所经历的思维过程，有助于学生对于知识，特别是隐性知识的体悟与理解。学生通过内化支架，可以获得独立完成任务的技能。如前面的写信，听语言能力强的同学如何搭建结构、看老师如何引导阐释，都会对学生产生潜移默化的作用，学生在支架教学中，会所得匪浅。

第三，这种支架教学，会保证一部分语言能力稍差的学生在不能独立完成任务时获得成功，增强其学习的自信心，提高学生先前的能力水平，帮助他们认识到潜在的发展空间。学生的语言能力差异是客观存在的，如前面提到的写信，有人可能文思泉涌，有人可能提笔无语。那么，与其他同学的合作、教师的引导，都会使得稍差的学生也能完成写作，不至于产生太大差距从而产生自卑情结。

第四，对学生日后的独立学习起到潜移默化的引导作用，使他们在必要的时候，可以通过各种途径寻找或构建支架来支持自己的其他方面的学习。比如写作课这种方法的应用，会让学生在口语表述、发言时，也能提前准备相关词语、背景等必备知识，为自己搭建平台，对支架教学活学活用，为我所用。

3.1.2.2 控制法写作

此种方法尝试将结构主义语言学和行为主义心理学结合起来，通过控制语言输出的方式，来达到语言表达的准确性，一步步地培养、提高学生的写作能力。

控制法写作源于结构主义语言学的"听说教学法"。这种理论认为口语是第一性的，而写作是记录口头语言的，是第二性的，是巩固听说能力的方式。该写作法的另一个理论基础为行为主义心理学，认为学习一种语言就是习得一套恰当的语言刺激与反应之间的联系。语言学习是一个机械的、习惯形成的过程。

因此在教学过程中，教学内容被分成许多非常简单的阶段，使学生在完成一个阶段的任务后能够很容易地开始下一个阶段的任务。教师可以精心设计造句、句子变化、填空、语法语段练习，尽量提供语言表达的框架，控制写作的形式，以便学生在写作时尽可能少地犯错误,以保证学生能够形成正确的语言习惯。

在我们下面的技能训练中,会将上述理论综合起来运用。有时会采取支架方式,有时会采取控制方式造句等,也可能是两者的结合。在最初级的教学中,相对较多的用到控制法,在段落、篇章写作中,支架式写作会被常常提及与应用。

3.1.3 写作教学现状

3.1.3.1 国内写作教学现状

(1)写作课程设置

根据我们的了解,国内单独开设写作课的学校为数不多。在听说读写四技能中,有关"写"这一技能课程开设的频率最低,而且所开设的主要是初级阶段的汉字课和高级阶段的写作课,为初级阶段学习者开设写作技能课程的,相当少见。写作这一技能训练,基本是杂糅在了综合课中。然而综合课由于兼顾语法词语教学,大多数教师将训练重点放在了写汉字、听写词语方面,最多就是造句,专门成段、成文的训练很是不够,这些都使得学生书面表达受到了影响。结果就是学生的汉语作文给人的总体印象经常是意思明白,但感觉很不舒服,可以说是一种书面的而非口语的高级的"洋腔洋调"。

(2)写作教材

随着对外汉语教学事业的发展,普遍使用的汉语教材目前已有四五百种之多,但其中跟"写"有关的教材却屈指可数,主要的有北京语言大学出版社出版的滚动系列《汉语写作教程》、华语教学出版社的《汉语写作教程》、高等教育出版社的《体验汉语写作教程》等,相比于综合、口语、阅读等教材,写作教材实在是凤毛麟角。

(3)汉语学习者写作的困惑

与各高校很少开设写作课相关的是,国内专门研究初级写作的文献十分少见,初级写作的困惑依然停留在"汉字难写"阶段。能借鉴的是一篇调查中高级阶段学生写作困惑的文章。在《对11篇留学生汉语作文中偏误的统计分析及对汉语写作课教学的思考》一文中,作者谈到了写作课上的一个试卷调查,参加调查的学生20人,调查中的一个题目是:

你觉得写文章最难的地方是什么？

A. 不知道写什么内容

B. 不知道合适的词语、语法

C. 不知道文章的写法

选 A 的 10 人，选 B 的 8 人，选 C 的 2 人。A 项是所有写作的人（包括用母语写作的人）都面临的共同问题，对汉语写作课教学有实际意义的是 B 和 C 两项。从 B、C 两项的选择人数可以看出，留学生们普遍认为写作时，词汇、语法比文章的写法更难把握。

从这份调查可以看出：直至高级阶段，对学生来说写作仍然困难重重。这个困难，不仅是词语上的，甚至连基本的汉语文章写法都不很清楚。这些例证，恰恰印证了在初级阶段开始写作训练的必要性。否则，到了高级阶段，不但有基本语法词汇问题，新的语境中有对已经学过的语法、词语重新组合、选用的问题，还有文章章法问题，以及构思、布局谋篇的问题，写作内容问题，眉毛胡子一把抓，学生的写作水平短时内真是难以提高。

3.1.3.2 国外写作教学现状

目前全世界开设孔子学院最多、学习汉语人数较多的国家是美国，因此，下面根据我们目前所见材料，来看一下美国的汉语教学目标、要求。

全美中文教师协会（CLTA）和全美中小学中文教师协会（CLASS）编制了一份教学指导性文件，叫《全美中小学中文学习目标》，是《21 世纪外语学习标准》（*Standards for Foreign Language Learning in the 21st Century*, Allen Press InC., 1999. 简称《标准》）的一部分。这个《标准》是由美国教育部门以及多个外语教学协会共同研制的国家外语课程标准，其核心主题是以 5 个 C 字母打头的词：Communication（交际）、Cultures（文化）、Connections（贯连）、Comparisons（比较）、Communities（社区），这里体现出对语言交际能力的重视，也将人际沟通作为一个项目，表现出对文化认知、交际策略等因素的关注。

《全美中小学中文学习目标》中与我们本书相关的汉语教学要求是：

要求学生从表达（说与写作）和理解（阅读）两个方面，关注交际过程的语言输入和语言输出；

要求学生在校内外环境中运用语言。把语言与社会生活环境紧密联系起来，将教学从课堂环境延伸到社会。

主张让学生用目的语阅读、讨论、分析一些有趣味、有挑战性的话题。

《目标》的侧重点在于学习者能够使用汉语做什么事情。

基于上述教学要求，目前，美国的汉语教学现状，经常是采取整合式的教学方法，也就是说，教师不再进行单纯的阅读训练、写作训练，而是将语言输入（听、读）、语言输出（说、写）结合起来，将表达（说、写）与理解（听、读）结合起来。这种教学方式，不仅是语言研究者，也是一线汉语教师的共识。

结合国内外的教学现状，我们考虑到，在教学中，注重实用性、应用性，尽力将学过的知识，如阅读语料与写作结合起来，让学生的知识输入（阅读）尽快转化成输出（写作），学后即用，学了能用，也是我们应追寻的目标，是我们进行"读后写"训练的依据。

第3.2节　读后写内容的训练与评价标准

3.2.1 "读后写"内容的训练

结合教学现状，并应用前面提到的支架教学、控制教学理论，按照汉办《大纲》对初级阶段学生的要求，我们来有针对性地进行读后写的训练。

训练的内容可以包括：

3.2.1.1 从"读后多辨识少写字"到"辨识后圈写、随意写笔画"的训练

由于对外国学生来说尤其是对以拼音文字为母语的西方学生来说，汉字是他们学习汉语的最难的一关，因此，我们建议教师，在教学初始阶段，尽量不要在

开学第一天、第一周就进入到汉字的书写，以免因汉字之难而浇灭学生学习汉语的热情。我们可以在学习初期，让学生多辨识汉字，辨识偏旁。通过这些辨识、汉字知识的输入，让学生头脑中逐步对汉字形成基本笔画、部首、方块的印象，让学生逐渐对汉字产生兴趣，而不是一开始就让他们写、吓住他们。当他们的兴趣被汉字吸引住、当他们在辨识过程中获得了成就感获得了自信之后，再进入到"随意写笔画、写汉字"的阶段。

这些方式包括辨识偏旁圈写答案、辨识汉字圈写答案、辨识词语圈写答案等。学生圈写后，可以依据自己的喜好，随意写自己刚才圈写的汉字的笔画（如横、竖）、偏旁部首等。可以是描写、抄写等，总之，就是教师对学生不提出要求，让学生自由进行写画活动，以唤起学生写汉字的兴趣。

3.2.1.2 读后写汉字、词语、单句、复句、段落、篇章

在描摹了笔画之后，进入到正式的训练中。可以先写汉字，之后进入到词语、单句、复句、段落、篇章等。教学的安排，内容的选择，可以针对学生的年龄、程度，灵活应用。

但写的时候，要注意结合汉办《大纲》，比如词语方面，我们会写这些词语，如节日词语、学习用词语、个人信息词语、时间词语、家庭相关词语等，这样便与《大纲》紧密结合起来了。

在进行了基本的辨识偏旁、抄写汉字、抄写词语、联想法写词语的铺垫后，开始进入到写句子阶段。写句子的原则是：重复利用刚学过的汉字词语，减少新词，降低写的难度。

以此类推，段落、篇章的教学，都要依照循序渐进的原则进行。

在训练的方式上，我们可以采取抄写的方式，也可以结合图片或者拼音进行书写词语的训练，还可以采用"联想法"写等。在第三节我们列出了十几种训练技巧，老师可以根据情况去选用。

3.2.2 读后写的评价标准

前面谈到了写的内容，那么如何评价训练后学生的学习情况呢？我们依据什么判断学生写得好不好？我们又依据什么判断教师教授内容的得体性、针对

性呢？在此我们以《国际汉语教学通用课程大纲》为蓝本，从如下两个方面对"写"的有效性、实用性、准确性进行评价。

3.2.2.1 评价的语言标准

（1）依据《大纲》

《大纲》规定，到了初级阶段三级，要学会900个左右的词语，这些词语要与日常生活学习有关。但是，并不要求完全会写。对其中的常用的450个汉字要做到会说会写。也就是说，教师上课要本着《大纲》常用字表、词频表进行，当然，凡事不能绝对，比如有学生对佛教感兴趣，也可以特别地教他写这方面的字词。但总体的教学原则要考虑到词频表、常用字表。

（2）依据基本笔顺部首规则

教学中也可发现有的学生胡乱写汉字，他觉得反正写对了就行了，不管笔顺，不管先左后右、先上后下等基本规则。对这类现象，教师最好给他讲解，让他遵循中国人千百年研习出来的写字规律。因为现在汉字书写是从左到右的，从左到右写偏旁部首，会提高写字的速度以及汉字的美观度。

3.2.2.2 评价的内容标准

（1）依据《大纲》

《大纲》对"写"的内容在附录二中也进行了建议。比如，写学生基本的生活信息、个人爱好，写跟中国典型的文化传统相关的东西，如长城、故宫，学唐诗时就写李白，等等。

（2）依据实际需求

依据学生的实际需求设计教学内容是最重要的。教师在了解了学生的需要、兴趣后，再设定自己教学中写的内容。如学生喜爱太极拳，就可以教这个词语的写法；要去中国工作的，可以教他所提出的字词的写法，等等。

第 3.3 节 "读后写"方式的训练

"读后写"的训练方式从课堂练习的形式上看，基本有如下一些：读后抄写、读后仿写、读后自主写作完成句子、读图片后自主写作等。从写作的具体理论方法上说，有控制法写作、语段法写作等。我们在此结合写作理论，来指导具体的训练。

3.3.1 读后辨识圈写答案

这一部分主要是让外国学生尤其是非汉字圈学生对汉字产生基本兴趣，练练基本笔画，圈写答案，而不是一上来就写汉字，就吓住他们，因此，训练的难度是最低的，对学生来说是最容易的。

3.3.1.1 辨识偏旁圈写答案

在前面阅读部分"依据偏旁猜测汉字意思"中，我们谈到，汉语中形声字的比例很高，大约有 85% 左右。组成形声字的两个部分，一部分表示字的意义，叫形旁（也叫义符）；另一部分表示字的读音，叫声旁（也叫音符）。同一个形旁和不同的声旁结合，可以构成许多意义相关的字。因而，在汉字教学初期，可以利用形声规则，让学生辨识偏旁，之后圈写答案。

文本训练 1　读后找出下面汉字中偏旁不一样的字，圈写出来。

谁　说　汉　语

当然，在辨识之前，教师先要讲解基本的汉字偏旁部首知识，如言字旁多表示跟"说话"有关的。上面几个字，是刚学汉语时最容易遇到的，所以列给学生。

学生在一番辨识之后，发现"汉"的偏旁不一样，将其找出，便是对了，教师对学生的进步给予鼓励。

文本训练2 读后找出下面汉字中偏旁不一样的字，圈写出来。

　　妈妈　妹妹　姐姐　姑姑　爸爸

学生会发现，最后的"爸爸"是不一样的，没有"女"旁。在这个过程中，教师可以给上面的汉字标注拼音，标注完拼音之后，也可以在读后辨识的过程中，讲解偏旁知识，如在这里，为什么都有"女"旁。学生在明白了所有的词的意思后，会逐渐对汉字的构造方式、汉字的表意性发生兴趣，而且，也多少会觉得：嗯，汉语、汉字并不是那么难！这时候，我们初期的调动兴趣的目的就达到了！

学生如果感觉有趣，他会主动去描摹汉字，练习笔画，这样，我们就已经将学生带入到"写汉字"的殿堂了。

3.3.1.2 辨识汉字圈写答案

辨识汉字就是在一组汉字中，找到你要的汉字。教师可以先写出你要的汉字，让学生在众多的汉字中将其勾画出来。这个训练项目对学生来说难度较低，也属于调动学习兴趣的教学策略。

文本训练1 读后找出下面汉字中，哪个是"好"字，圈写出来。

　　老师好　你们好　你好　再见

在此，学生将他发现的词语勾画出即可。如果学生喜好，可以让他描摹写其中的笔画，如横、竖等，或者偏旁等，教师不多提要求。

文本训练2 读后找出下面汉字中，哪个是"妈"字，圈写出来。

　　妈妈　妹妹　姐姐　姑姑

这个练习的目的是给学生偏旁一样的汉字，让其在相似中辨识。

3.3.1.3 辨识词语圈写答案

这里训练目的是在不同的词语中,挑出教师要求他寻找的。

文本训练1 读后找出下面词语中,哪个是"你好",圈写出来。

　　老师好　你们好　你好　再见

在此,学生将他发现的词语勾画出即可。

文本训练2 下面的小对话中,应该用这里哪个词语回答呢?圈写出来。

　　老师好　你们好　你好　再见
　　A:你好!
　　B:_____!

"你好"可以说是学生遇到的第一句汉语了,也是他们最早应该辨识的词语。我们主张辨识、少写是在初期阶段,因为"好"容易认,可是"女"字旁并不好写。

文本训练3 下面的小对话中,应该用这里哪个词语回答呢?

　　老师好　你们好　你好　再见
　　A、C(学生):老师好!
　　B(老师):_____!

需要注意的是,辨识时教师要把握好这样的教学思路:

第一,汉字知识的讲解在先,之后辨识偏旁;可以让他描摹写其中的笔画,如横、竖等,但不加要求。

第二,可以将拼音标注与学生实际识别能力结合起来,如果学生水平较低很难识别词语,可降低练习难度,可以标注拼音,但你要求他寻找的那个词语不写拼音。如文本训练1,"你好"不加拼音。因为我们这里要求的是让学生辨识汉字的形状,所以就要降低教学的难度。总之就是一切都以教学的进行、吸引学生喜欢汉字为主轴。

3.3.2 读后抄写

这种方法适于应用在学生水平很低的汉语学习初期,在辨识阶段过后,就可以进入到抄写阶段了。抄写,我们主张抄写词语、句子,并不主张学生大段抄写段落或者像中国小学生一样抄写课文,那样会削弱外国学生对汉语、汉字的学习兴趣,过于机械与单调,但抄写小句子等还是可以的。

3.3.2.1 抄写词语

抄写时,可以按照内容来分类,比如抄写节日词语等。下面是我们分出的几类。这些词语是为了后面的句子服务的。教师上课要意识到练习的目的性。

(1)节日词语

文本训练1　读下列词语,在明白含义基础上抄写一遍。

生日　节日　春节　中秋节

_____

文本训练2　读下列句子,在明白含义基础上抄写一遍。

我、喜欢、春节、很、有意思。

_____。

抄写过程中,教师讲解笔顺知识,讲解里面重复的汉字如"节"字,讲解汉字"日"的来历(象形文字),讲解"中秋"的含义等。目的就是避免单纯地抄写、单纯地讲解,将各种技能结合起来运用,会避免上课的无聊枯燥,更容易提起学生对汉字、对中华文化的兴趣。

(2)学习用词语

文本训练　读下列词语,在明白含义基础上抄写一遍。

书　书包　本子　笔

_____

抄写过程中，教师讲解笔顺知识，讲解里面重复的汉字如"书"的笔顺，讲解汉字"笔"的来历——上面是竹字头，下面是毛，因为古代的人用毛笔写字；讲解"本"的含义等。目的就是将汉字知识贯穿到教学中。这就要求教师对汉字、中华文化比较熟悉，教师的基本功要过硬。

（3）个人信息词语

文本训练 1　读下列词语，在明白含义基础上抄写一遍。

　　大卫　学生　一年级　学校

文本训练 2　读下列句子，在明白含义基础上抄写一遍。

　　我、大卫、生日、是、八月。

文本训练 3　读下列句子，在明白含义基础上抄写一遍。

　　我、找、到、手机。

这里主要练习的是学习者的个人信息，如他的名字、他的学校名字的写法、他的年级的写法等。教师可以写出最基本的、共性的东西，然后，根据学生自己名字的不同——他叫大卫、她叫玛丽，再逐个到学生那里书写他们每个人的名字等。会写自己的名字，是最重要也最有趣的事情。

（4）时间词语

文本训练 1　读下列词语，在明白含义基础上抄写一遍。

　　上午　中午　下午　晚上

这是几个最基本的表示时间的词语，教师可以重点讲解"午"字的写法，因为重复率最高。

文本训练 2 读下列词语，在明白含义基础上抄写一遍。

今天　昨天　明天　后天

教师可以重点讲解"天"字的写法，讲解"明"字，日+月=明。可以问学生：有月亮，有太阳，是不是很"明"亮呢？但是在这里，是过了一个"日"、过了一个有月亮的晚上的意思，当然就是"明天"了。

（5）家庭相关词语

文本训练 1 读下列词语，在明白含义基础上抄写一遍。

妈妈　爸爸　姐姐　妹妹　哥哥　弟弟

这里练习的是家庭基本成员的汉字写法。里面可以讲解"女"字旁、讲解形声字"爸"的构成，哥哥、弟弟，比较难写，需要教师板书。如果学生没有哥哥弟弟，也可以放在后面学习这两个词。

文本训练 2 读下列词语，在明白含义基础上抄写一遍。

家　狗　房间　住

这些练习，是为了后面的句子练习做准备的。教师在教学中，一定要有计划性，汉字是为词语服务的，词语是为了后面的句子服务的。

3.3.2.2 抄写句子

刚才的单词的练习在此转化成了句子，学生的水平被教师一层层地提了上来。

（1）写与节日祝贺相关的句子

文本训练 1 读下列句子，在明白含义基础上抄写一遍。

节日好！　春节好！　生日快乐！　春节快乐！

这里教师可以从最基本的"你好"引入，到"节日好！""春节好！"。使学生了解最基本的问候方式,以及它们的写法。

文本训练2 读下列句子,在明白含义基础上抄写一遍。

我喜欢春节,春节很有意思。

_____。

(2)写与日常生活相关的句子

文本训练 读下列句子,在明白含义基础上抄写一遍。

今天很冷。 今天很热。 今天不冷也不热。

_____

教师可讲解汉字"热"的结构,提醒学生注意"冷"的右边跟"今"不一样。这里,第一句后只有"也、热、不"是新词,这样可以降低学习难度。

(3)写与个人信息相关的句子

文本训练 读下列句子,在明白含义基础上抄写一遍。

我是学生,今年二十岁,在大学学习。

_____

这里,"学"特意重复了几次,分别是:学生、大学、学习。这样,不但降低了写的难度,同时也是学生关于个人信息方面的基本需要。再有:

文本训练2 读下列句子,在明白含义基础上抄写一遍。

我是大卫,我的生日是八月八日。

_____。

(4)写与学习相关的句子

文本训练1 读下列句子,在明白含义基础上抄写一遍。

我每天说汉语,我每天看汉语书。

_____。

在教授句子时,应该扫清汉字的障碍,比如"看"字,可以做汉字分析:下面是"目",上面是"手",类似于孙悟空手搭眼前瞭望的意思。对外国学生,尤其是西方学生,这种讲解会使得他们对汉字的兴趣大增,因为相比于英语的 look、watch 等,汉字是多么形象生动啊。

(5) 写语法项目

下面的练习中,加入了一些语法项目,如结果补语"找到"等。

文本训练 读下列句子,在明白含义基础上抄写一遍。

昨天我的手机丢了,今天我找到了我的手机。

_____。

3.3.3 读后仿写

在前面抄写的基础上,可以将抄写的难度增加,变成发挥学生积极性的仿写。

3.3.3.1 仿写语法单位

如果教师刚刚教授过补语,就可以让学生写一些程度补语、结果补语什么的。一方面是为了练习写,另一方面,也是最重要的,是通过写来促进学生学习、理解、记忆。

文本训练1 读下列句子,注意语法关系,然后仿写出相同的语法格式的句子。

我的手机找到了。(结果补语)

_____。

这里是让学生写结果补语。学生可以写:"我的书包找到了","我的火车票买到了"。

文本训练2 读下列句子,注意语法关系,然后仿写出相同的语法格式的句子。

他说汉语说得很流利。(程度补语)

_____。

这里是让学生写程度补语。学生可以写:"我跑得很快","我的妈妈做饭做得很好。"

文本训练 3 读下列句子,注意语法关系,然后仿写出相同的语法格式的句子。

他把他的手机弄丢了。("把"字句)

_____。

这里是让学生写"把"字句。"把"字句是汉语教学公认的难点。学生可以写:"我把我的笔丢了","我把咖啡喝了"。写的过程中,会出现一些语法的错误,这正给教师了解学生的水平、对课堂的理解提供了机会,教师可以就此对所教授语法进行回顾、总结、强调、说明等。所以,这里的写,是为语法教学服务的。

3.3.3.2 仿写单句

文本训练 1 读下列句子,在明白含义基础上仿写。

我是大卫,我的生日是八月八日。

_____。

学生可以写:"我是马克,我的生日是六月六日。"

文本训练 2 读下列句子,仿写你喜欢的节日。

我喜欢春节,春节很有意思。

_____。

学生可以写:"我喜欢圣诞节,圣诞节很有意思。"

文本训练 3 读下列句子,仿写你自己的事。

昨天我的手机丢了,今天我找到了我的手机。

_____。

学生可以写:"昨天我的笔丢了,今天我找到了我的笔。"

3.3.3.3 仿写复句

文本训练 1　读下列句子，在明白含义基础上仿写。

虽然汉字很难，但是很有意思。

_____。

学生可以写："虽然天气很热，可是我去运动了。"

文本训练 2　读下列句子，在明白含义基础上仿写。

无论汉语多难，我都要努力学好。

_____。

学生可以写："无论天气多热，我都去运动。"

文本训练 3　读下列句子，在明白含义基础上仿写。

如果你不来参加晚会，我就会很难过。

_____。

学生可以写："如果你每天吃巧克力，就会变胖。"

与前面相同，写的过程中，会出现一些语法的错误，这正给教师了解学生的水平、对课堂的理解提供了机会，写，也是为了复习学过的关联词语。教师可以就此对所教授复句结构进行回顾、总结、强调、说明等。所以，这里的写，也是为语法教学服务的。

3.3.3.4 仿写段落

　　我每星期六早晨七点起床。起床后去公园里打太极拳。大概八点回家吃饭。吃饭后开始喝茶。中午会午睡一会儿。下午去商店买东西。晚上在家里看电视。

这是按照时间词语来写一天的生活，教师可以对初级阶段水平较低的学生以及不知道该写什么的学生进行段落仿写训练，让学生读后抽出里面的重要的"骨架"，如这里就是时间词语，之后，按照这个顺序去写"我的周末"。

3.3.3.5 仿写篇章

题目：我的四门课

这学期我一共学四门课。除了历史和文学以外，我也学音乐跟书法。

历史课的老师教我们中国历史，他很有趣。

文学课我们学一些中国的小说。文学课老师是一位女老师，她很认真。

音乐课老师教我们唱中国歌。

书法课我们慢慢地写汉字。我小时候就想学中国书法，现在真的有机会学了，我非常高兴。

这些课都很有意思。

这里是要求在阅读后进行问答，帮助学生分析文章是如何开头的、如何结尾的等等。之后，教师用大量的提问，将这篇文章以及后面的写作方式内容展示给学生，如：他怎么介绍历史课的呢？一共介绍了几门课？介绍自己的老师了吗？在分析好文章后，进入到仿写阶段，写一篇《我的汉语课》。

综上，仿写也是提高作文水平的重要途径。学生模仿教师安排好的文章的布局谋篇、遣词造句，可以摆脱目前部分外国学生害怕写汉字、写汉语，更怕写作文的问题。写作也是一门科学，其中总有一些规律可循的。而规律的形成掌握，不能只靠教师的讲解，更有效的办法是让学生自己去仿写、去实践。经过仿写训练，学生会做到"有的写了"，"敢写了、会写了"。这种仿写，会对学生写的发展起着科学化、规范化的引导作用，让他们逐渐由模仿过渡到独立写作。

仿写训练还可以使写作训练目标明确而具体，如前面的模仿语法项目的写作、仿写复句关联词语等。如果能坚持有计划的仿写训练，从词语到单句、到复句、到段落、到篇章，使学生熟悉汉字、熟悉汉语词汇、熟悉汉语篇章的结构，那么将来进入较高水平时，动起笔来就不会提笔忘记汉字，不会觉得无从下手而望"题"兴叹，而会在"范文模式"的影响下，写出较好的自主创作的作文来。

3.3.4 读后按情境写

所谓按情境写，就是教师给出一种写的情境，可以是句子，或者复句的开头，或者是篇章的一部分等，总之是教师给设定了一个情境或者模式，之后按照提示的关系去写。

3.3.4.1 按情境写词语

教师设置一个句子或者对话,让学生自己按照情境完成。

文本训练　设置情境,让学生读后完成句子。

① 生日_____！（你的朋友要过生日,你给他写一个卡片,怎么写？）

② 春节_____！（你的中国朋友在过春节,这是中国人最大的节日,你给他写一个卡片,怎么写？）

这里的练习就是发挥学生的主观能动性,并提高了对学生的要求,让他自己去写一个未完成的卡片。

3.3.4.2 按情境写句子

文本训练1　读后自己完成句子。

① A：今天冷吗？

　B：_____。

② A：今天热吗？

　B：_____。

这里"冷、热"均已经出现,学生基本按照原来汉字抄写下来就好了,难度系数比较低。

文本训练2　读后自己完成句子。

A：今天天气怎么样？

B：_____。

难度在逐渐增加,需要学生自己想"冷、热"这样的汉字怎么写。

文本训练3　读后自己完成句子。

① A：你是学生吗？

　B：_____。

②A：你今年二十岁吗？

　B：_____。

③A：你在大学学习吗？

　B：_____。

这样用一问一答的方式，改变了单纯的抄写，会有趣一些。实际上，这种问答又给学生提供了抄写的机会，学生不觉得很难。

文本训练4　读后自己完成句子。

①A：你每天说汉语吗？

　B：_____。

②A：你每天看汉语书吗？

　B：_____。

学生可以按照肯定句回答，也可以自由地回答，如"不看汉语书"。这时他要知道"不"的写法了，或者要说"有时候"看，那他也是要主动学习"有时候"的写法，所以这种非限制的问答方式，能使学生用切合实际的内容来作答，更有应用意义。

3.3.4.3 读情境后写复句

学到复句的时候，学生基本能掌握几百个汉字了，所以，我们开始逐渐增加写的难度。写，不只是侧重汉字讲解、抄写，更侧重利用"写"来完成教师的要求，完成句子，让教师掌握学生整体的汉字、语法水平、语言生成能力等。

（1）写复句常用关联词语

文本训练1　选择关联词语填空。

就　但是　都

①虽然汉语有点儿难，_____我要努力学好。

②不管天气好不好，我_____会来上课。

③如果你早点儿来，_____能看见他。

这里是给出了关联词语，让学生选择，并且写到横线上。这类复句的练习，在练习"写"的同时，更侧重于复习教师课堂上所讲的语法点、复句句式关系等。所以这时的写不只是单纯的写的练习了。写,开始为课堂教学服务了。

文本训练2 读下面的复句,写出空缺地方的关联词语。

① 虽然汉语有点儿难,_____我要努力学好。

② 不管天气好不好,我_____会来上课。

③ 如果你早点儿来,_____能看见他。

写出重要的关联词语,是复句学习中最基本的一步。写后,尽量让学生背下常用搭配,如"虽然……但是……""如果……就……"等等。

(2)写复句的一半

文本训练1 读句子,之后完成后面的小句。

① 虽然汉语有点儿难,_____。

② 不管天气好不好,_____。

③ 如果你早点儿来,_____。

这里给出前一部分,让学生利用关联词语完成后面的。完成后面小句相对下面这样完成前面小句要容易些。

文本训练2 读句子,之后完成前面的小句。

① _____,但是我要努力学好。

② _____,我都会来上课。

③ _____,就能看见他。

在做这个练习时,教师可以先给出一些关联词语的提示,比如,后面用"但是",前面应该用什么呢?后面用"都",前面常常是什么跟它搭配呢?学生在此做出的句子可能是五花八门,因为超出了教师的掌控。但是,只要基本意思对了,对学生的句子还是应多给予鼓励肯定。

(3)写完整复句

文本训练1 用下面的关联词语造句。

① 虽然_____,但_____。

② 不管_____,都_____。

③ 如果＿＿＿＿＿＿＿＿，就＿＿＿＿＿＿＿＿。

难度在逐渐加大，但给出了搭配的关联词语。主要考查学生关联词语的使用能力、逻辑思维能力等。

文本训练2　用下面的关联词语造句。

① 虽然＿＿＿＿＿＿＿＿，＿＿＿＿＿＿＿＿。
② 不管＿＿＿＿＿＿＿＿，＿＿＿＿＿＿＿＿。
③ 如果＿＿＿＿＿＿＿＿，＿＿＿＿＿＿＿＿。

关联词语给的不完整，学生要想做好这样的句子，应该满足下面几个条件：知道关联词语的搭配关系，明白其中的逻辑含义，会写自己想写的词语。

3.3.4.4 读情境后写段落

在前面的层层铺垫、由浅入深的训练的基础上，我们进入到了段落写作阶段。在此，我们借助前面提到的支架理论，试图将段落写作这个较难训练的项目给它一级一级地如同支架一般地搭建起来，充分利用学生学习的主动性，挖掘学生的潜力，重视学生学力的差异，让学生兴味盎然地进入到段落写作阶段。

教学中的基本思路是这样的：

确定本段落写作的目标，如是写一个人的学习，还是家庭，还是爱好等；

提供与要写话题相关的语言阅读材料；

让学生朗读精选的相关材料；

组织学生简短地讨论、分享材料中的主题、人物等，主要是理解所给语料，为后面的写作服务；

提炼阅读材料中规范的、下面写作要用到的相关词语、句式，并对他们的用法进行讲解，也就是给学生提供"建筑的砖瓦"；

问学生针对这个话题还能联想起什么词语，从而进入到调动学生主观性阶段。之后，教师把合适的词语板书到一起，提供给所有学生写作时参考；

鼓励学生用相对规范的语言表达方式写作，进入仿写阶段。

（1）写家庭情况

国家汉办《大纲》中规定了初级水平的学生，要能够基本写出自己的家庭情况、学习情况等，我们下面的几例写作都是依照《大纲》进行的。

文本训练　教学目标：写自己的家庭情况。

阅读材料，也就是范本的展示：

我家有四口人，爸爸、妈妈、妹妹和我。我爸爸是医生，他每天工作很忙。我妈妈是小学老师，她的工作很有意思。妹妹是小学生，她喜欢看书，也喜欢跟我玩儿。我们晚上一起吃饭，然后一起看电视。我很爱他们。

教师找学生朗读这份语料。之后，全班同学合作完成下面的问题：

① 上面材料中，出现了哪些家庭成员？

② 你的家里有谁呢？写下来。然后，学生自己在问答中写出自己家里的人员情况；

③ 这里的"我爸爸""我妈妈"都做什么工作？找一下。学生去寻找，回答；

④ 你自己的爸爸妈妈做什么工作呢？写下来；

⑤ 这里一家人经常一起做什么？去找找看；

⑥ 你们一家人经常一起做什么？写下来。

然后进入到"学生写作"阶段。

（2）写学习情况

文本训练　教学目标：写自己的学习情况。

阅读材料，也就是范本的展示：

我现在在学习汉语，我们的老师是中国人，她是北京来的。她很有意思。我们有两门课，口语课和读写课。每天学习四个小时。我很喜欢口语课，可以说很多汉语，也喜欢读写课，可以写很多汉字。汉字也很有意思，就是太难了。

教师找学生朗读这份语料。之后，全班同学合作完成下面的问题：

① 上面材料中，出现了哪些课？

② 你有什么课呢？写下来；

③ 这里的"我的老师"是哪里人？怎么样？找一下。学生去寻找，回答；

④ 你的老师呢？写下来；

⑤ 他喜欢什么课？去找找看；

⑥ 你喜欢什么课？写下来。

然后进入到"学生写作"阶段。

（3）写个人情况

文本训练　教学目标：写自己的个人情况。

阅读材料，也就是范本的展示：

　　我是美国人，叫 Emmy Lee，今年二十岁。现在我在美国西北大学学习中文。我没有中文名字，但我有很多中国好朋友，我要给你们介绍一下。这是我的朋友王小文，她是中国人，今年二十一岁。小文会说英文，也会说一点儿日文。她很喜欢唱歌。中文歌、日文歌，她都会唱。小文在美国学美国历史。

教师找学生朗读这份语料。之后，全班同学合作完成下面的问题：

① 他是哪国人？多大了？去寻找答案；

② 你呢？写下来；

③ 他在哪里学习中文？找一下。学生去寻找，回答；

④ 你呢？写下来；

⑤ 他有中文名字吗？去找找看；

⑥ 你呢？写下来；

⑦ 他有中国朋友吗？介绍一下。去找找看；

⑧ 你呢？写下来；

⑨ 里面用了几个句号？什么时候用句号？

然后进入到"学生写作"阶段。

（4）写节日情况

文本训练　教学目标：写自己喜欢的节日的情况。

阅读材料，也就是范本的展示：

　　春节是中国人一年当中最大的节日。过新年我们中国人喜欢贴"春联"，春联是红色的，表示吉祥。大年初一、也就是春节第一天，我们就开始拜年。拜年也可以得到压岁钱。先是向爷爷奶奶拜年，祝爷爷奶奶在新的一年里身体健康。

教师找学生朗读这份语料。之后，全班同学合作完成下面的问题：

① 中国人最重要的节日是什么？去寻找答案；
② 对你来说最重要的节日是什么呢？写下来；
③ 中国人春节做什么？找一下。学生去寻找，回答；
④ 你们最重要的节日会做什么？写下来；
⑤ 中国人春节祝老人什么？去找找看；
⑥ 你们呢？写下来。

然后进入到"学生写作"阶段。

在教学中，教师也要给学生提示相关的词语，如"节日"这里，可以板书"圣诞节""复活节"等，并给学生语言格式的练习。又如"家庭情况"一段，板书"一起"的用法。因为按照英语习惯，学生常常会说："我们吃饭一起。"那么，这时，教师要提醒学生注意，汉语的语序应该是："我们一起运动"，"我们一起听音乐"。

3.3.4.5 读情境后写篇章

初级阶段写篇章时，要注意这样几个问题：第一，汉语篇章的基本程序性。如何开头、如何进入中间的叙述、如何收尾等；第二，鉴于学生汉语水平较低，教师应尽可能先给出基本的框架，就像架构房子，先给出基本的结构，然后让学生去填充钢筋水泥、补充有用的细节等。这样，学生的作文不至于出现太大的偏差，尽可能处于教师的掌控之下。当然，整体的教学思路依然是延续前面"段落教学"的思路。那就是在阅读素材基础上，进行模仿性写作。

篇章写作教学，我们在初级阶段可以采用下面四种方法。

（1）给出开头、结尾写中间段——写天气情况

文本训练 教学目标：写自己所在城市的天气情况。

阅读材料，也就是范本的展示：

题目：北京的天气

现在，我正在北京学习，我的朋友经常问我："北京的天气怎么样？"今天，我给大家介绍一下。

北京一年有四个季节。从三月到五月是春天，春天晴天很多，阴

天很少，常常刮风。六月到八月是夏天，夏天经常下雨。七八月是北京最热的月份，有时候气温到38度。从十二月到二月是冬天，北京的冬天很冷，下雪也较少。如果你打算来北京旅游，请你秋天来。北京的秋天从九月到十一月，天气不冷也不热，是旅游的最好季节。

  北京的名胜古迹很多，北京发展也很快。你们来吧，我给你们当导游。

  教师找学生朗读这份语料。之后进行文章分析。问学生：
  ① 作者开头告诉我们他要写什么？
  ② 你准备写哪里的天气？写下来；
  ③ 这里出现了几个季节？去找一下。分别是什么时间？找一下；
  ④ 我们现在在的城市，有几个季节？大家想想，也可以写下来；
  ⑤ 我们这里每个季节都是在几月？
  ⑥ 北京最好的季节是什么？
  ⑦ 我们这里最好的季节是什么？
  ⑧ 结尾，作者写了什么？北京名胜古迹多吗？
  ⑨ 如果你的朋友来我们这里，你会带他去哪里玩儿呢？

下面进入到写作阶段。教师给出下面的框架：
  今天，我给大家介绍一下我们这里的天气。（开头）
  ……
  我们这里也有好玩儿的地方，比如……，有时间，我们一起去玩儿吧。（结尾）

要求学生在缺省部分介绍天气，使用刚才练习过的季节方面的词语。

（2）给出开头写后半部——写个人情况

文本训练 教学目标：写自己的个人情况。

阅读材料，也就是范本的展示：
  题目：我的朋友们

  我是英国人，叫 Emmy Lee，现在我在美国学习中文。我没有中文名字，老师和同学们都叫我"小李"。我有很多好朋友，我要给你们介绍一下。

  这是我的朋友王小文，她是中国人，今年二十一岁。小文会说英文，也会说一点儿日文。她很喜欢唱歌。中文歌、日文歌，她都会唱。小文现在是美国西北大学的学生，她学美国历史。

她是美国人，姓MacDonald，名叫Jean。她的中文名字是马真。马真是我的同学，也是我的好朋友。她性情很好，也喜欢帮助别人，老师和同学们都很喜欢她。马真也有很多中国朋友，她的中文很不错。

我很喜欢我的这些朋友们，跟他们在一起，我很高兴。

教师找学生朗读这份语料。之后进行文章分析。问学生：

① 这篇文章在写什么？
② 开头怎么写的？
③ 中间写了几个朋友？
④ 他怎么介绍自己的朋友的？
⑤ 结尾怎么写的？

分析完阅读范文之后，教师可以在黑板上给出这篇文章的基本框架：

我是……，……，我有很多朋友。（开头）

（进入文章主体）……是我的好朋友。……

……也是我的好朋友，他……

我喜欢我的朋友们，跟他们在一起，我很高兴。（结尾）

之后，教师给出文章开头，要求学生按照下面的框架写后面的作文：

我是……国人，叫……，现在我在美国……大学学习中文。我（没）有中文名字。我有很多好朋友，我要给你们介绍一下。

……

（3）给出时间顺序——写日常生活

文本训练　教学目标：写自己的日常生活，要求学生会写时间词语，并能按照时间词语的顺序，简单写出自己一天的生活。

阅读材料，也就是范本的展示：

题目：我的星期六

我每星期六早晨七点起床。起床后去公园里打太极拳。我很喜欢中国的太极拳。

大概八点回家吃饭。我喝咖啡还吃一点儿面包。

上午,我一边喝中国的绿茶一边学习。

中午会跟朋友一起吃饭,我们常常吃三明治,很方便,也很便宜。

下午去商店买东西,有时候也会看喜欢的书。

晚上在家里看电视、上网,有时候跟家人一起聊天。

我每天都很忙,也很有意思。

教师找学生朗读这份语料。之后进行文章分析。问学生:

① 这篇文章在写什么?

② 主要按照什么顺序写的呢?找出时间词语;

③ 中间写了几件事情?

④ 结尾怎么写的?

分析完阅读范文之后,教师可以在黑板上给出这篇文章的基本框架:

我每星期六早晨……

上午……

中午……

下午……

晚上……

我每天……

之后,教师要求学生按照框架写"我的星期六"。

(4)给出空间顺序——写与学校有关的情况

文本训练 教学目标:写自己的校园生活,要求学生会写方位词语,并能按照方位词语的顺序,简单写出自己学校的情况。

阅读材料,也就是范本的展示:

题目:我的学校——北京大学

北京大学校园很大,风景也很美。

它的东面、南面和西面都有校门。从西门进来,往东走不远就有一个小湖,名字叫未名湖。未名湖在校园的中北部,湖边有花,有草,也有树,风景很美。很多学生喜欢到湖边来,在这儿看看书,跟朋友聊天，或者想想问题。

　　校园的南部是学生的生活区。这里除了饭馆、书店和商店以外，还有邮局、银行和酒吧。生活区里还有很多宿舍楼和食堂。另外，这里也有一个医院。

　　这就是我们的学校，我喜欢这里。

教师找学生朗读这份语料。之后进行文章分析。问学生：

① 这篇文章在写什么？

② 主要按照什么顺序写的呢？找出方位词语；

③ 中间写了几件事情？

④ 结尾怎么写的？

分析完阅读范文之后，教师可以在黑板上给出这篇文章的基本框架：

　　我们的校园很……，风景也……（开头）

　　校园的西门……

　　南面……

　　我觉得我们的校园……（结尾）

之后，教师要求学生按照框架写"我的学校"。当然，教师要根据自己所在学校的具体情况来给出方位词语。校园哪个方向最重要、最漂亮，就着墨多写。

写作中，依然要提供必要的语言格式，比如写"我的学校"，常用的语言格式会有"东面有……，南面有……"，存现句会较多，这些教师在教学中都要有所注意。写作一方面要给学生提供篇章框架，另一方面要给学生提供语言结构的支持。不同的写作内容，语言结构自然会有所不同。

3.3.5 读后联想写

前面的训练都是基于抄写、仿写、情境写进行的，我们还可以视学生水平，进行联想练习。自然，这种操练对学生更具有挑战性，难度也在增大，但会提升学习者尤其是水平较高的学生的学习兴趣。下面分联想词语与联想句子两大类介绍。

3.3.5.1 读后写联想到的词语

文本训练 1 读下列词语，之后写出你联想到的相关词语。

汉语　汉字

_____

学生在此可能会写出"很难、有意思、中国人"等等。这个练习是开放式的，没有固定答案，教师还可以让学生在写后解释一下，他是怎么联想的。这样，课堂会更加生动，也增加了说的机会。

文本训练 2 读下列词语，之后写出你联想到的相关词语。

苹果　西瓜　桃子

_____

学生在此可能会写出"水果、梨子、好吃"等等。这个练习跟上面的区别是教师首先对词语进行了归类，都是水果。主要考查学生在"水果"项目下，还能写出多少来。

文本训练 3 看下面的词语，你还能写出哪些跟自己有关系的词语？

学生、_____

学生可能会写出"学校、学习、学汉语、20 岁"等。这时我们采取的是联想法书写词语。这种方法给水平较高的学生提供了更多的空间。

文本训练 4 读下面的词语，你还能写出什么有关系的词语呢？

今天、_____

"联想法"可以在学生多少掌握了一些词语之后使用。

文本训练 5 读下列词语，你还能写出什么跟你的"家"有关系的词语呢？

家、妈妈、_____

3.3.5.2 读后写联想到的句子

文本训练 1　读下列词语，之后写出你联想到的句子。

汉语　努力

_____。

学生在此可能会写出："我努力学习汉语。"如果他写的是："汉语很努力。"汉字对了，可是句子错了。所以这也是教师发现学生习得过程错误的一个好方法。

文本训练 2　读下列词语，之后写出你联想到的句子。

苹果　西瓜　桃子

_____。

学生在此可能会写出："这三种水果我都喜欢吃"、"我喜欢吃西瓜"、"苹果很红"等等。这些训练都是为了调剂课堂气氛、调动学生的积极性、为后面更复杂的写作服务的。

3.3.6 读后默写

默写就是考查学生对刚刚读过的字词句的记忆理解能力，考查学生对汉字偏旁部首笔顺的掌握情况。读后默写是短时记忆行为（short-term memory），在短时记忆中语言材料信息基本上以视觉形式在大脑中进行编码，通过及时的默写，将这些编码输出到本子上。因为根据研究证明，短时记忆的内容如经编码、重复后，就更容易进入长时记忆。所以，及时的默写，可以让学生更长久地掌握所学词语。

3.3.6.1 默写词语

文本训练 1　上课时，教师展示一个词语，之后让学生默写出来。如：

中国人

学生默写：_____

文本训练 2 上课时，教师展示多个词语，之后让学生默写出他记住的词语，越多越好。如：

中国人　美国人　春节　圣诞节
学生默写：_____

文本训练 3 这里所给词语具有一定关联度，也可以是刚学过的课文词语，关联度不那么强的。如：

中国人　喜欢　学校
学生默写：_____

3.3.6.2 默写句子

教师展示一个句子，之后让学生默写出来。如：

文本训练 1

中国人喜欢唐诗。
学生默写：_____

文本训练 2 教师展示一个刚学过的带语法项目的句子，之后让学生默写出来。如：

他读唐诗读得很流利。
学生默写：_____

文本训练 3 教师展示一首唐诗，之后让学生默写出一句。如：

床前明月光，疑是地上霜。举头望明月，低头思故乡。
学生默写：_____

由于短时记忆的容量有限，教师授课时注意每次给的训练"量"要合理把握，不可过多，以免学生丧失默写信心甚至反感。另外注意默写的丰富性，默写内容可以是本课生词也可以是语法项目，或者是需要背诵的小句子（如"您慢走"）等。

3.3.7 读后填写

填写主要考察学生长时记忆（long-term memory）存储情况。长时记忆是指永久性的信息存储，主要来自短时记忆阶段加以重复的内容，也有由于印象深刻一次形成的。与我们语言学习有关的是重建理论，它认为记忆是一种主动的过程（如学习一个词语），存储起来的不是成熟的记忆，而是一些元素或成分（记住了词语的一部分，或者理解了一部分），通过回忆重建能把过去认知成分汇集成完整的事物，如对一个词语的理解掌握更加完整，更接近语言事实。

填写就是通过文字阅读来唤起学生头脑中存储的长时记忆，并对所记忆的词语进行巩固、完善，不但理解了，还会用、会写。

3.3.7.1 填写汉字

文本训练1 教师给出一个句子，让学生填写汉字。

他每天去学____学习汉语。
玛丽的故____在加州。
四川人爱吃____的。

当然，最后一句关乎文化常识，自然是在教师讲解过中国四川菜知识后做的。

文本训练2 读下列拼音，在明白含义基础上填写出汉字。

shēngrì　jiérì　Chūn Jié　Zhōngqiū Jié

_____

最后教师给出正确答案：

生日　节日　春节　中秋节

文本训练3 读下列拼音，在明白含义基础上写出汉字。

shū　shūbāo　běnzi　bǐ

_____

最后教师给出正确答案：

书　书包　本子　笔

3.3.7.2 填写词语

文本训练 填写词语。

① 他每天去_____学习汉语。

② 玛丽的故乡在_____。

③ 中国_____人爱吃辣的。

如果教师感觉对学生比较难,可以降低难度,给出要填的词语,如"四川人、加州、学校"。这都需要教师灵活把握。

3.3.7.3 填写句子

难度在逐渐增大。教师给出一个段落,让学生自己读后根据意思,写出最合适的句子来。

文本训练1 写出一个跟生活有关的句子来,要注意前后连贯。

我每星期六早晨七点起床。起床后去公园里打太极拳。大概八点回家吃饭,_____。中午会午睡一会儿。下午去商店买东西。晚上在家里看电视。

学生可以按照时间顺序继续写"上午我学习汉语"、"吃饭后我喝茶"等。

文本训练2 写出一首唐诗,让学生填写其中的一句。

床前明月光,
　疑是地上霜。
　举头望明月,
　_____。(答案:低头思故乡。)

自然,这也是在学习过这首诗之后进行的。上课教师可以根据学生情况调动各种切合学生实际水平的语料来进行训练。

文本训练3 给学生卡片,让学生看过英语(或学生的母语)后,写出祝贺的句子。

Happy Birthday!_____

Happy Spring Festival!_____

3.3.7.4 填写表格

填写表格对学生来说是很实用的一个项目,无论是登记个人情况还是报名求学等,都需要面对各种表格。这里我们要求学生读过下面的表格后,可以按照要求填写清楚。

教师在做这一训练时,有必要先将里面的要求、每栏目的词语是什么明白地带领学生读出来,理解清楚再填写表格。

例:个人信息表

姓名	性别	生日	国籍	护照号码

下面再练习一下班级信息表。

例:班级通信录

姓名	手机	生日	住址	爱好
大卫	13241516666	8月2日	2号宿舍楼401	篮球

教师让学生练习写出自己的情况,然后可以全班传阅,作为本班通信录。

下面是一个求职等常用的个人简历表,教师在带领学生学习了其中的字词之后,可以让学生完成真实的简历表填写。

例：求职简历表

<h1 style="text-align:center">个 人 简 历</h1>

填表日期：

姓名		性别		年龄		贴照片
地址	邮政编码		电子邮件			
	电话		传真			

毕业学校及专业	
应聘职务	

教育经历	时间	所获学位或学历

奖励							
语言							
工作经历							
推荐							
技能							
获得证书							

3.3.7.5 填写标点

前面阅读部分已经讲到了标点的使用,这里我们来训练学生练习在句子段落中使用汉语的标点。授课时,教师要先讲解清楚几个基本标点,如逗号、句号、问号、感叹号、冒号等,之后进行练习。

文本训练1　读下面句子,之后填写标点。

① 昨天我的手机丢了_____今天我找到了我的手机_____
② 谁的手机丢了_____在这里啊_____

文本训练2　读文章后填写标点。

天安门广场位于北京市中心_____南北长880米_____东西宽500米_____,面积达44万平方米_____可容纳100万人举行盛大集会_____是当今世界上最大的城市广场_____

文本训练3　读对话后填写标点。

① 爸爸问_____现在几点了_____
② 小王回答_____九点了_____
③ 爸爸问_____那你怎么还没上学啊_____
④ 小王回答_____我以为今天是周日啊_____

填写标点时应提醒学生注意西式标点和汉语标点的差别,比如句号,汉语的是"。",可是英语使用"."等。同时在掌握了上述基本标点后,可以适当练习破折号、引号、书名号等。

3.3.8 读后缩写

缩写(Abbreviations)是写作教程中的重要组成部分。对初学写作的人来说,掌握缩写的方法和技巧是很重要的。因为缩写可以将内容较多、篇幅较长的文章按一定的要求写成较短的文章。

缩写是在忠于原文的基础上进行的,不能改变原文的主题或中心思想。常见的缩写有这样几个基本的方法:保持原意,这是最重要的一点;在缩写句子段落时不要打乱原文内容顺序；留下主要内容，去掉修饰词，如"慢慢地走"，可以删除"慢慢地"；明确主题，删掉与主题没关系的内容；在缩写全文时注意明确时间、地点、人物和事情的起因、经过、结果六要素。

3.3.8.1 缩写短语

对常见的短语进行缩写，一个目的是为了练习写，还有一个目的是为了告诉学生这个短语也可以这样用。

文本训练 1　读后缩写下面的词语。

　　北京大学　北京到广州铁路　香港、澳门、台湾

学生缩写后应为：

　　北大　京广铁路　港澳台

这里涉及短语的缩写习惯与方法，教师可以再给学生一些让他们去摸索去记忆。

文本训练 2　读后缩写下面的词语。

　　山东大学　北京到哈尔滨的铁路　北京、天津地区

学生缩写后应为：

　　山大　京哈铁路　京津地区

到了一定程度，中国一些主要城市的简称，学生也要掌握。如上海，简称是沪，那么京沪铁路是从哪里到哪里呢？沪杭高速是从哪里到哪里呢？这些都可在练习缩写、学习缩写规则时及时练习。

3.3.8.2 缩写句子

缩写句子是为了训练学生的抓主要句法结构、抓主干的能力，也是练习简洁表达的能力。

缩写句子的主要方法就是提取里面的主语、谓语和宾语。

文本训练　读后缩写下面句子。

① 他慢慢地走回到自己在二楼的那个房间去了。

② 那个穿红衣服的小姑娘飞快地跑向站在桥边的妈妈。

③ 昨天他的新买的手机让一个高个子男人偷走了。

缩写后成为：

① 他走回房间。

② 小姑娘跑向妈妈。

③ 手机让人偷了。

这里有个教师要求的"缩写度"问题，即缩到什么程度才是好的？一般教师可以用字数来进行控制。比如第一句可要求学生缩写后变成五个字。如果教师的要求是七个字，那么学生便可以再加入其他有效信息，如时间等。

3.3.8.3 缩写段落

段落缩写应该保留基本的时间、地点、事件、人物等，教师要给学生明确的要求，让学生缩写到规定的字数。缩写段落、小文章，主要是考查学生阅读理解的能力、抓取中心的能力，是对学生汉语学习能力与其概括理解能力的综合考查。

文本训练1 读后缩写下面的小段落，字数在50字以内。

今年春节那天，我们一家人吃完晚饭，准时地坐在电视机前收看"春节联欢晚会"。我们看得很高兴。快到十二点了，外边开始放鞭炮。我和弟弟也拿着鞭炮跑到屋外。在鞭炮声中，我心想："新的一年来了。我希望在新的一年里，我的学习能更好。"我喜欢过新年。新年能看"春节联欢晚会"，能放鞭炮……最重要的是能和大家一起快乐。过新年真好呀！

缩写后保留文章主干，大致可以是这样（仅供参考）：

今年春节我们一家人收看"春晚"。十二点，我和弟弟拿着鞭炮跑到屋外。在鞭炮声中，我希望我的学习能更好。我喜欢过新年。

文本训练2 下面是中国人都很熟悉的一个小故事——《小蝌蚪找妈妈》，要求学生读后缩写，字数在200字以内。

春风吹着，阳光照着，池塘里的水越来越暖和了，青蛙妈妈生下的卵，慢慢地活动起来，变成一群大脑袋、长尾巴的小蝌蚪。

小蝌蚪在水里游来游去，非常快乐。

有一天，鸭妈妈带着小鸭到池塘来游水。小鸭子们跟在妈妈后面，嘎嘎嘎叫着。小蝌蚪看见了，就想起了自己的妈妈。

他们你问我，我问你："我们的妈妈在哪里呢？"可是谁也不知道。

他们一齐游到鸭妈妈身边，问："鸭妈妈，鸭妈妈，您看见过我们的妈妈吗？您告诉我们，她在哪里？"

鸭妈妈亲热地回答说："看见过。你们的妈妈有两只大眼睛，嘴巴又阔又大。好孩子，你们到前面去找吧！"

"谢谢您，鸭妈妈！"小蝌蚪高高兴兴地向前面游去。

一条大金鱼游过来了，小蝌蚪看见大金鱼头顶上有两只大眼睛，嘴巴又阔又大。他们想：一定是妈妈来了，就追上去喊："妈妈！妈妈！"

大金鱼笑着说："我不是你们的妈妈。我是小金鱼的妈妈。你们的妈妈肚皮是白的，好孩子，你们去找吧！"

"谢谢您！金鱼妈妈！"小蝌蚪又向前面游去。

一只大螃蟹从对面游了过来。小蝌蚪看见螃蟹的肚皮是白的，就迎上去大声叫："妈妈！妈妈！"

螃蟹摆着两只大钳子，笑着说："我不是你们的妈妈。你们的妈妈只有四条腿，你们看我有几条腿呀？"

小蝌蚪一数，螃蟹有八条腿，就不好意思地说："对不起呀，我们认错了。"

一只大乌龟在水里慢慢地游着，后面跟着一只小乌龟。小蝌蚪游到大乌龟跟前，仔细数着大乌龟的腿："一条，两条，三条，四条。四条腿！四条腿！这回可找到妈妈啦！"

小乌龟一听，急忙爬到大乌龟的背上，昂着头说："你们认错啦，她是我的妈妈。"

小蝌蚪游呀游呀，游到池塘边，看见一只青蛙，坐在圆圆的荷叶上"呱呱呱"地唱歌。

小蝌蚪游过去，小声地问："请问您：您看见我们的妈妈吗？她有两只大眼睛，嘴巴又阔又大，四条腿走起路来一蹦一跳的，白白的肚皮绿衣裳，唱起歌来呱呱呱……"

青蛙没等小蝌蚪说完，就"呱呱呱"大笑起来。她说："傻孩子，我就是你们的妈妈呀，我已经找了你们好久啦！"

这篇著名的童话故事轻松幽默，又能给人以启迪。教师在教授学生缩写时，要注意到这样几个问题：故事发生的时间是什么？在哪里？小蝌蚪找了几个动物做妈妈？最后小蝌蚪找到了妈妈吗？

缩写后教师要考查学生的作文，是否包括了上面几个项目，是否保持了故事的原意。

3.3.9 读后扩写

"扩写"是一种"给材料作文"，与前面的缩写相反，扩写是将一段话或一篇较短、内容较概括的文章，扩展生发成篇幅较长、内容丰满、生动形象的文章。

扩写的要求是：第一，要忠于原句子、原段落、原文，不改变中心意思；第二，扩充那些值得扩充的、对保持发展中心有关的地方，而不是任意发挥；第三，要注意情节发展合乎逻辑，故事中的人物性格前后统一等。

扩写是建立在看懂教师提供的语料文字基础上的，教师要带领学生学习所给语料，然后跟学生一起分析，抓住重点，展开想象，进行作文。

3.3.9.1 扩写词语

扩写词语与句子的方法基本相同，就是在主干词语前加上修饰语，合乎情理地扩展短语。这种练习也可以考查学生的词汇量、句法基本知识等。

文本训练1 扩写下面的名词性短语。

　　我的朋友　　那个节日　　京沪

学生扩写后可以成为：

　　我去年认识的那个朋友　　那个难忘的节日　　北京上海

文本训练2　扩写下面的动词性短语。

　　吃了　睡好　打工

学生可以扩展为：

　　很快地吃完了　睡不好觉　打了两次工

3.3.9.2 扩写句子

需要扩写的句子，一般来说是给出了主谓宾成分的句子，教师要要求学生给这些项目增加修饰语、增加其他的语法项目，如状语、定语、补语等，这样不改变句子的主要意思，原来的句子也更丰富了。

这种练习是学生写作文的一个基础练习。学生由于主观、客观原因，往往喜欢用最简单的句子来表达，这种训练可以让学生丰富自己的句子结构，让表意更清晰精准。

文本训练　读后扩写句子。

　　① 春节挂"福"字。
　　② 上海比北京热。
　　③ 农民去工作。

学生扩写后可以变成：

　　① 每年的春节都要在门上挂上红色的"福"字。
　　② 今年夏天上海比北京热得多。
　　③ 中国的农民常常带着行李去城市里找工作。

3.3.9.3 扩写段落

给出段落的主要大意，在此基础上，生发出符合逻辑的小文来。

文本训练　读后扩写成一篇200字的小文章。

　　春天，小蝌蚪出生了。在河里到处找妈妈。他们找了鸭子、金鱼、螃蟹、乌龟，可是都不是他们的妈妈。最后，他们看见了青蛙，那才是自己的妈妈啊。

这里，我们给出了小文的时间、地点、人物、故事顺序以及结局等要素，要求学生发挥想象，合理编排。

3.3.10 读后排序写

排序的主要目的是在写的基础上，练习学生构造短语、句子、段落的能力。具体做法就是给出一些不符合顺序的词语或句子，让学生按照正确的顺序排列出来，写出来，然后最好再读出来。

3.3.10.1 排序写短语

文本训练 读后分别将下列词语排成一个短语。

  朋友 我的
  春节 中国人的
  完了 用

学生可以排成：

  我的朋友 中国人的春节 用完了

3.3.10.2 排序写句子

文本训练 读后将每行词语排成一个句子。

  朋友 我的 中国人 是
  春节 中国人的 是 传统 节日
  完了 用 手机里 钱 的

学生可以排成：

  我的朋友是中国人。
  春节是中国人的传统节日。
  手机里的钱用完了。

教师一定要注意的是，明确排序的目的是什么，是练习哪个语法项目，是练习哪个词语，还是让学生了解哪个文化项目。还要限定排序的词，不能太多，太多学生会感觉烦躁、泄气。

3.3.10.3 排序写段落

这个可以用时间或者关联词语等作为标志来进行,考查学生的段落综合理解情况。

文本训练 1　读下面的句子,之后按照正确顺序组成一个段落。

晚上我常看电视
下午去运动
我每天上午学习汉语

这里是以时间为顺序,排序标志词语非常清楚。

文本训练 2　读下面的句子,之后按照正确顺序组成一个段落。

我还喜欢学习西班牙语
除了
学习汉语以外

这里是以语法项目"除了……以外"为顺序,排序标志词语要求学生必须记得这种用法才能排对。

3.3.11 读图片后写

下面的内容属于"看图写"部分。主要目的是通过丰富的画面,让学生饶有趣味地去写、去组织一个小句子、小段落,让课堂教学的形式丰富起来。

3.3.11.1 读图片写词语

看图写词语,是写的教学中尤其该多加使用的一种教学手段。在电脑普及、多媒体教学日益开展的今天,越来越多的教室配备了多媒体设备,因而,教师可以利用这些教学技术,为自己的较为枯燥的"写"(姑且称之"写"而非"写作")课增添更多的趣味性与视觉享受。

文本训练1　看图,之后写出它的汉字来。

_____

文本训练2　看图,之后写出它的汉字来。

_____

为了让学生容易辨识,教师找的图片必须非常真实,不要模棱两可。

文本训练3　读图片,看看这是中国人的哪个节日。节日的名称已经在下面了,同学们找到合适的,写到对应的图片下面。

春节　中秋节　元宵节

_____

这里,我们力求很好地将汉字学习与中国文化结合起来。

文本训练4　读图片，看看这是学习中用的什么东西？物品的名称已经在下面了，同学们找到合适的，写到对应的图片下面。

书包　钢笔　书　笔记本

注意：利用图片的教学，更生动有趣，可以说，不仅仅是针对低龄学习者，成年人又何尝不喜欢活泼的东西呢？教师自己把握好灵活运用的尺度。

3.3.11.2 读图片写句子

文本训练1　看图，之后写一个句子。

学生在此可能会写："外面下雨了"，"雨很大"。水平高的学生可能会写出："只有学校那边在下雨。"总之，这类练习的结果会五花八门，读学生的句子，之后大家互相听听，课堂气氛会很融洽。

文本训练 2 看图,之后写一个句子。

学生在此可能会写:"花很多。""花是粉色的。""花很漂亮。"等。总之,就是教师放宽尺度,随学生去写。

3.3.11.3 读图片写段落

下面的训练,难度在逐级加深。要求学生看了图片后,写出几句话来。这里,要考查学生的观察力、想象力,还有语言的组织能力。

文本训练 1 看图,之后写出一段话。

题目:下雨了

教师可以提示学生,让学生看看:这里有几个人?是什么人?他们在做什么?在哪里?为什么在那里?之后,就让学生各显神通了,编个小故事出来。

文本训练 2 看图，之后写出一段话。

这里就是通过写作，让学生了解一下长城。学生可以写："这是长城，它在中国。它很长，也很有名。我想去那里看看。"

文本训练 3 看图，之后写出一段话。

如果上面的图片学生不熟悉，也可以换成他们很喜欢的圣诞老人，写个简单的关于"圣诞"的小段落。

综上，由于"看图作文"提供的材料是图画，要求学生根据画面所描绘的内容、所表达的意思作文，因此，练习看图作文，必须先看懂图意，然后再依据图意，运用所学词语、语法句式等展开想象，写出句子和段落文章来。

以上所谈的是从教师的操作角度来说的"写"的训练方法。如果从写作的理论上看，上面基本采用的是下面两种方法，我们分别加以简单阐释。

（1）控制法写作

控制法写作，顾名思义就是教师在教学中，对学生的写作输出进行控制。在第三章理论部分，我们对该方法已经做了简单介绍，这里在前面"训练方式"基础上，总结性地谈谈教学中具体要控制些什么。

学生写词语，问题不大，主要是会写不会写的问题，因此，我们主要从句子这里开始进行控制。由于句子生成的多样性、复杂性，教师为避免学生节外生枝

（毕竟此时我们的教学重点在"写"），可以采取限制手段，如前面提到的抄写、仿写、给出语法结构如写程度补语等等，还有就是给图片，让学生写出小句子来。这里都是有所依托的，学生不会天马行空，弄出不着边际的句子来。这一方面是因为学生在初级阶段水平较低，写作能力有限，另一方面也是要为教学目标"写作"服务，让学生不会不知写什么，或者因错误类型多样、复杂，教师讲解过多，变成了语法阐释课。所以，教师的控制，从控制单句入手，控制复句、控制段落格式、控制文章结构，最终使得学生能按照教师指令，写出像样的文章来。

（2）语段法写作

这种语段训练方式从大的方面说，也属于控制法。但由于文章是由一个个段落组成的，而语段又是初级阶段的重点，因而我们单独提出予以强调，并展示其多种操作手段。

在前面已经提及了一部分训练方法：可以给出主题句，要求学生写出段落层次。主题句是一个语段的语义中心，它经常出现在段落之首或者尾部，这种方式尤其可以在写议论文或者读后感时多加运用；还可以给出时间词，按照时间顺序写；给出空间方位词语，按照空间顺序写；给出句式结构，按照关联词语写，等等。

按照学生的汉语水平，还可以对留学生进行其他的语段写作训练，如让学生组句成段，之后抄写整理出来；给出错误的段落，修改病段等。也可以根据语段内部的结构关系，总分、并列、递进、选择、转折、因果、假设、条件、目的、让步等基本结构模式，让学生写出相应的语段。

第3.4节 "读后写"环节的训练

这里，我们以这篇文章为例，来介绍下"读后写"教学的基本环节。

我每天都很忙

我每天都很忙。

早上六点，我去公园打太极拳。我很喜欢太极拳，很慢，但是很有意思。我的老师是中国来的留学生，他打得很好。

七点半，我打完了，开始吃早饭。吃早饭我很快，只吃一点面包，喝一点咖啡。然后我去教室。我的家离学校不算远，开车半个小时就到了。

我每天上午都有汉语课。一天要学习四个小时，十二点下课。汉语的发音和语法不太难，汉字很难。我学习很努力。

下午我经常没有课，可是我要去图书馆看书、看报纸，准备明天的课。

晚上我在宿舍做作业、写汉字、看电视。电视片有汉语的，也有英语的。我十点半睡觉。

3.4.1 阅读环节

为了让学生在写作时有所依托，我们先进行范文的阅读理解。学生阅读后，教师提出下面的问题：

① "我"早上做什么？"我"喜欢做吗？谁是"我"的老师？
② "我"打完太极拳后做什么？怎么去学校？
③ 上午"我"做什么？怎么样？
④ 下午呢？"我"去哪里？为什么？
⑤ 晚上呢？几点睡觉？
⑥ "我"忙吗？

这些问题，不仅要帮助学生理解文章，也要为他下面的写作、写作中段落的安排、词语的提取使用服务。在学生理解了之后，进入到文章结构的分析。

3.4.2 范文的分析讲解

3.4.2.1 分析题目

教师请学生注意文章的题目是什么——"我每天都很忙"。那么下面会写什么呢?这时候,要求学生回答。学生会说,"写他每天都做了什么","他为什么那么忙"等等。在此提请学生注意,"忙"是这里的核心,"每天"是时间限制,应该是从早到晚吧。

3.4.2.2 分析段落结构

分析完文章题目后,开始分析文章的结构。问学生:

① 这篇文章是按照什么顺序写的?对了,按照时间顺序;
② 主要包括了几大部分时间呢?对了,包括早晨、上午、中午、晚上;
③ 他是怎么写的呢?对了,他写他在那段时间做了什么。
④ 通过段落分析,大家看下,他一天忙不忙呢?对了,他真的很忙啊!

在这种启发下,学生理顺了阅读内容,为下面学生的写作铺好了道路。

3.4.3 汉语写作知识的讲解

下面开始进入写作。在写作前,如果学生对汉语写作一无所知,教师要讲解汉语作文常识。标题应该写在作文本的中间(也有的中国老师要求前面空四个格之后写题目),然后开始写段落。

段落的格式是起头必须空两个格,然后开始写,中间有标点的,标点要单独占一个格。这段话写完了,意思表达清楚了,要另起一段的时候,前面依然要空两个格。收尾如果是一个单句,表示你自己的观点,或者强烈的呼吁之类的,可以单独成段、前面空两个格。

汉语作文经常包括题目导入、中间承接、收尾表述几个部分,讲究起承转合,但在初级阶段,由于汉字以及词汇的限制,允许学生写些类似流水账这样的小文章。

3.4.4 写作任务的导入讲解

3.4.4.1 题目

讲解完前面的知识后，开始布置作文题目，要求学生模仿上面的阅读材料，写一篇"我的一天"。教师提醒学生可以按照时间顺序写，对于其中重要的活动，可以重点写。

3.4.4.2 与题目相关的词语

在写"我的一天"时，我们会用到哪些词语呢？教师可以组织学生们来回答这个问题，之后，教师将学生的回答分类写在黑板上，作为写作的参考用词。如时间类："早晨、上午、下午、晚上"；活动类："跑步、打球、运动、汽车"；学习类："学习汉语、去图书馆、看报纸、上网看新闻"等等。

3.4.4.3 关联词语

教师也可以提供一些学生学过的常用关联词语，比如："一边……一边……"，"虽然……但是……"等，这样学生便可以将句子难度提升，做出如"我一边喝咖啡，一边看电视"这样的句子来。

3.4.4.4 篇章结构

提示学生写作时可以遵循前面阅读语料提供的结构，如按照时间顺序平铺着写，也可以按照开篇点题、记叙一段故事、收尾这样的传统三段论写法写。如可以写："那天是我最高兴的一天"——点题，之后进入正文的叙述，为什么那么高兴，阐释原因。最后，再扣住主题。总之，作文有法而无定法。

3.4.5 学生进入写作实践

在提供了写作所需的词汇、结构等知识后，进入到学生写作阶段。教师可以视情况让学生课堂写作，也可以让学生回家后完成。课堂写作就要求限定写作的时间，在一节课以内完成较好。

3.4.6 写后教师的任务

写后,教师对作文进行批改,每次都要用固定的修改符号标识。如用波浪线表示非常流畅的句子,用圈表示写错的汉字或者词语,用插入符号表示这里需添加词语等。

将作文本子发给学生后,请写得好的学生给大家朗读他的作文,以作为范文进行鼓励。

对学生较为普遍的错误,进行归类,之后板书,讲解这里的语法问题或者汉字问题。

最后,所有学生对自己的作文进行修改,教师下去检查修改结果。

第 3.5 节　读写结合教学中的几个要点问题

本节阐述教师上课过程中会遇到的难点问题以及教学中的重点问题。包括一些知识性问题以及教师要留意的问题。

3.5.1 教学难点

3.5.1.1 汉字难点

汉字在初级阶段,是外国学生尤其是西方学生天然的难点。学生即使到了较高水平,写作中也依然难免有写错汉字或干脆写拼音的现象。

(1) 笔顺偏旁难点

汉字的笔顺是书写汉字笔画和部件的先后顺序。笔顺有一定的规范性和普遍性，因为它是自有汉字以来人们对书写过程的经验总结。笔顺的书写要与汉字的基本结构结合起来，首先要判断是左右结构的汉字还是上下结构的汉字，然后再进行书写。汉字的笔顺很复杂，但初级阶段，学生应该掌握下面这些最基本的笔顺，因为它是常见汉字结构的基本笔顺。

第一，从上到下书写上下结构汉字。

一般来说，上下结构的字，都要先写上面的，然后写下面的。

　　例如：兄　　笑　　足　　员

第二，从左到右书写左右结构汉字。

一般来说，左右结构的字，都要先写左边的，然后写右边的。

　　例如：听　汉　语　江　说　话

在初期，一定避免学生随意写。那种认为先左还是先右都无所谓的想法是应该杜绝的，因为这会影响他将来的写字的习惯和速度。现代汉语书写习惯是从左到右的。

第三，先横后竖。

在横画和竖画同时出现时，一般来说，要先写横，后写竖。

　　例如：王　　丰　　木　　下

但也有例外，如：上，就是先竖，后横。这跟横竖出现在字中的位置是上是下有关系。中国的"中"，也是先写左边小竖。

第四，先撇后捺。

在撇画和捺画同时出现时，一般来说，要先写撇，后写捺。

　　例如：人　　八　　大　　谷

第五，内外结构汉字应该先外后里。

在绝大部分的半包围结构中，都要先写外面的包围，再写里面的被包围的部分。

　　例如：同　　问　　间

第六，先中间后两边。

对于结构上可以看成左中右三部分的汉字，当中间部分较长或宽，左边和右边是一个较为对称的组合的时候，一般要先写中间的，再写两边的。

　　例如：小　　水　　永

第七，全包围汉字最后再封口。

全包围结构的字，先写左边、上边、右边三部分，然后写里面的部分，里面的部分的基本规则也遵循前面的汉字笔顺规则来写。最后是下面的横画封口。如"国"，就最后写封口的那一横。

例如：田　国　园　圆

但是，汉字结构相当复杂，有些汉字的习惯写法与笔顺规则有一定的出入，教师教授学生时，建议采用"一般来说""大多数情况下"等用语，最好不要使用绝对的、全涵盖的词语，如"必须""所有的"等。教师若在教学中，能举出与上述规则不同的常用字，可以直接板书出来给学生看。

（2）错字、别字难点

错字是指写得不正确的字，比如把"染"写成"染"，是写错了字，也就是写出了本来没有的字。别字是由于几个字字形相近，或字音相同，而产生的辨别错误。如把"青天"的"青"写成"清"，是别字，也就是写成了别的汉字。

避免错别字的方法，主要是多练习写，并且在写的过程中，教师有针对性地讲解偏旁部首基本知识，将汉字构成的表意性分析出来。如上面的"清"，有三点水旁，应该是表示水很清，而另一个"青"，没有三点水旁，所以常用来说"青山绿水""青天白日"，这两个词都和水没关系。学生在明白偏旁含义后，更容易纠正自己的错误，也就是尽力做到在理解的基础上学习汉字。

3.5.1.2 语法难点

（1）单句语法错误

前面说过，写，也是复习教师所讲语法的过程，因为句子是由基本语法成分构成的。学生在写的过程，也常会出现这样那样的语法问题，常见的有这样几类：

受母语负迁移的语序问题，例如：我学习汉语每天。（应改为：我每天学习汉语。）

受母语负迁移的句法问题，例如：我是很好。（应改为：我很好。）

动宾搭配问题，例如：我使决心了。（应改为：我下决心了。）

量词问题，例如：他有一双眼镜。（应改为：一副。）

多个形容词的语序问题，例如：他聪明的一个朋友。（应改为：他一个聪明的朋友。）

教师可以通过"写"来检查前面的语法汉字词语教学情况，发现问题及时纠正、及时讲解，所以说，"写"这一技能训练，对汉语学习者是至关重要的。

（2）复句语法错误

复句的错误，常见的是如下几类：

关联词语不能配套使用，例如："尽管汉语很难，都学习努力。"学生忘记了"尽管……可是/还……"这一基本搭配。

关联词语内部条件不清楚，例如："无论天气好，我都去上课。"学生清楚"无论……都……"格式，但是不清楚里面的条件，应该说："无论天气好不好，我都去上课。"

受词典翻译影响的滥用，例如：连天气不好也要去长城。（应改为：即使）但在学生的词典上，even though 被翻译成了"连""即使"，所以出现错误。

还有一些，在此不再一一列举了，需要教师授课中慢慢积累、留意。

3.5.1.3 篇章结构难点

（1）母语篇章能力

大家知道，一个人在外语写作中的能力，尤其是篇章布局能力，会强烈地受到其母语水平的影响。如果他在母语中就写不清楚一件事情、写不明白一封信，那在外语中，也确实很难提高他的整体逻辑能力、思维能力。那么这些汉语学习者的篇章能力我们真的已经无法改变了吗？答案是否定的。我们可以通过汉语的篇章教学，增强其篇章意识、提高其写作水平。尤其是目前一些汉语学习者的年龄越来越小，他的母语能力尚在提升过程中，因而，教师要注意在教学中，多进行些篇章结构训练，让他们在学习汉语时，也提高了母语的篇章布局能力。

（2）篇章布局

对于初级学生，教师可以给出一些基本的篇章布局模式，如时间顺序写作模式、空间顺序写作模式、总分总模式等等，并给出对应模式的一些关键词语。如按照时间顺序写时，可以给出"上午、下午、晚上"等；按照空间顺序写时，给出"前面、后面、中间"等；按照总分写时，给出表示罗列的"首先、其次、最后"等词语。总之，是在教师的带领下，视学生程度来进行课堂操作。

（3）篇章衔接连贯知识

学生在写作中，常追求单句的语义自足，而容易忽视整体的语篇衔接连贯，尤其在初中级阶段，这种现象更为突出。这使得学生的句子单看没什么问题，放在一起便十分烦琐。篇章衔接的范围较大，学生最容易出现的问题就是省略不当。因而，下面举一些学生这方面的例子，括号中是学生使用的、教师认为应该删除的多余词语：

1. <u>她</u>在家里是个很好的妻子，（她）做家务做得好，照顾家人照顾得好，（她）真是能干的人。

2. 前天，<u>我的</u>一个中国朋友给我送来了请柬，请我去参加他的婚礼。今天上午，我按照（我的）朋友给我的地址找到了他家，我看见大门上的"囍"字。这个字读什么？还读"喜"吗？我正想着，（我的）朋友迎了出来，和我握手。

3. 我有一个中国朋友叫<u>大伟</u>，（他）今年21岁，（他）能说很流利的英语。

这里括号部分皆可省略，而且通过这种省略可以使前后句关系更为紧密，否则个个单句语义自足、孤立，语篇的衔接力大为减弱。若不能对这些最易习得的省略进行及时教学，上述偏误便会"化石化"(fossilization，即顽固不变)。因而，我们建议在教学中采用"删减"方法，即教师将省略处删改，使学生醒悟到汉语小句在进入篇章时独特的省略规律。

这时学生就不仅仅如以前只关注单句的正确与否了，会更关注整体的连贯性，其实，在篇章方面，我们尤其缺乏的是语篇知识的教学，而非学生的接受理解能力。

其实，省略作为语篇衔接连贯的重要方式一直未正式进入教学，外国学生省略偏误现象比比皆是，教师针对学生这种写作错误讲解省略的规则，把省略的常见规律教给他们，学生就可以举一反三，掌握语言省略的技能，把错句自行修正，从而更容易生成连贯的篇章。

3.5.1.4 写作知识难点

（1）普通作文写作格式难点

教学中我们常常发现，外国学生不了解汉语作文的基本格式，给他们一个作文本，有些人依然写得密密麻麻，标点符号、段落格式都很不规范。鉴于此，教师要给出正确的写作格式。下面以标准的学生作文本为例介绍一下。

标题——写在本子的第一行，通常居中；

段落开头——空出两个格来；

标点——要占一格。

要提醒学生，不可以两个汉字占一个格，不可以一行格写两行字，也不可以整篇没有段落、从头写到底全是逗号。

（2）标点符号难点

前面阅读部分我们介绍了一些标点符号常识，如点号的作用在于点断，主要表示说话时的停顿和语气。点号又分为句末点号和句内点号。句末点号用在句末，有句号、问号、叹号3种，表示句末的停顿，同时表示句子的语气。句内点号用在句内，有逗号、顿号、分号、冒号4种，表示句内的各种不同性质的停顿，等等。

标号的作用在于标明，主要标明语句的性质和作用。常用的标点有9种，即：引号、括号、破折号、省略号、着重号、连接号、间隔号、书名号和专名号，等等。

但在教学中，学生只使用最基本的几个，如逗号、句号、问号、冒号等，对其他的符号不很了解，也不喜欢使用，这是一个问题。还有一个就是逗号使用过多，不太会划分语义终结点。这些都需要教师在训练学生"写"的过程中给予讲解、关注。

3.5.2 教学中要注意的问题

3.5.2.1 结合学生水平控制不同写作难度

教师授课时，必须要结合学生的水平来控制教学难度，语言教学界广为接受的输入假设学说为这种教学方式奠定了理论基础。

输入假设学说中的可理解输入理论为我们的汉语教学提供了一个很好的理论框架，认为只有当学习者理解了略高于其现有水平的语言输入，即i+1后，才有可能习得语言，其中"i"代表学习者目前的语言水平，"1"是其现有程度与下一程度之间的差距。克拉申认为只有学习者接收到可理解的输入，语言知识才能被内化和吸收。说得通俗些，就是教师给予学生的知识，要略高于学生的水平。太难了，会产生畏难情绪，适得其反；太容易了，又让学生感觉无聊。

这是一种利用已知来获取未知的外语学习理论，可以说是我们整个汉语教学过程中都要遵循的理论原则。

3.5.2.2 结合学习目的运用不同写作训练方式

学生的学习目的不同，教师自然要采取不同的训练方式。比如有的同学是觉得写汉字好玩、富有挑战性而学习写，有的同学是为了参加考试而学习写，有的同学是为了给中国朋友写信而学习写，等等，不一而足。这就需要教师上课灵活应对，既满足大多数学生的学习欲求，又考虑个别学生的独特需要。对于觉得汉字好玩的，可以多讲解偏旁部首知识，因为这是非常独特的、容易唤起外国学生兴趣的知识；对于为了考试来学习的，教师要严格要求、列出各种训练计划，按部就班地进行教学。

教学对象也是不同训练方式的参考因素。比如是教小学生学习汉语写作，那么就要结合儿童活泼好动的特点，不能以成人的标准要求他们。课堂上教师应多使用形象的、色彩鲜艳的多媒体技术，多使用图片、动画等来调剂学生情绪，进行写的训练。如先令屏幕上出现一个"苹果"的图画或图片，然后要求学生写汉字，之后再结合汉字知识，讲解形声字"苹"的结构、"果"的构成，相信学生会兴趣盎然。

写作能力的拓展训练

第4章

第4.1节　本教学法的理论依据

学生在经过前期的"读后写"训练之后，已经具备了初步的写的能力。本章我们将侧重对学生进行写作能力的拓展训练，该教学思想的理论基础是任务法写作。

4.1.1 任务法写作

任务法写作来源于任务型教学法，是指在第二语言教学中，教师根据具体的目标设计出交际活动，从而完成教学任务、实现教学目标的一种教学方法，也称作任务型学习（task-based learning，简称 TBL）。

任务型语言教学的研究始于20世纪80年代的欧美，它主要体现了以学生为中心的现代教育思想。强调学生应从被动学习转化到主动学习，成为课堂的真正主人。其新颖的教学理念与有效的教学效果迅速影响了中国的汉语教学，为越来越多的汉语教师、汉语教学专家所借鉴、采纳。

任务型教学认为，教师必须在设计教学任务时，清楚认识、理解到这些：①任务应是一个面向学生的教学活动，这是基本的认识前提；②任务的内核应是"意义"；③任务应反映真实世界的目的语语言使用过程，任务必须与实际语言使用紧密结合；④任务应包含某种目的语语言技能的使用，强调任务的应用性；⑤任务应反映认知过程特性；⑥任务应有明确的交际目的，任务为真实交际服务。

因此，在上述思想前提下，任务法写作便是在教师的目标设计、任务安排下，进行的一系列写作教学活动，是让学生通过完成真实生活任务而参与学习过程、继而形成运用汉语写作的能力的一种写作教学法。该教学法要求教学一方面要有利于学生学习语言知识、发展语言技能，提高实际语言运用能力。另一方面,也要求为学生提供一个具有真实背景和目的、与现实世界密切相关并具有交际特性的"任务",学生在完成任务的过程中,学习和训练对语言的理解、操作、运用,学习应用性的写作技能。

学者 Willis(1996)将任务的实施分为三个阶段,即:准备阶段 (Pre-task),任务实施阶段 (Task Cycle) 和语言焦点 (Language focus)。不同的阶段的侧重点均有所不同。具体到我们汉语的写作教学中,可以做如下理解与阐释。

准备阶段——为写前准备,包括任务的布置、真实的材料提供等。比如教师布置给学生一个任务,即周末时全班出去郊游,要求学生给家长写个留言条,告诉爸爸妈妈这件事。写留言就是"任务布置"。

任务实施阶段——教师提供样本,对里面的相关知识进行讲解,同时对写作的内容、段落安排等,提请学生注意有哪些是可以参考的。还可以与学生采取不同的交互方式,各自扮演不同的角色。如前面的留言条,鉴于初级阶段学生汉语水平有限,教师可以先展示一个样本作为示范,对留言的格式等知识进行讲解,对留言内容进行分析,然后,让学生以"学生自己"的口吻给父母写个留言。当然,也可以让其他学生以"学生父母"的口吻回一个留言等,这样课堂会更活跃有趣。

语言焦点阶段——包括语言分析和语言练习,活动的重点将从语言意义转向语言形式上。教师为学生提供、讲解在此项"任务"下所需要的语言、语法格式,如同建筑上为工人提供砖瓦、钢筋水泥。这项是为前面"任务实施"服务的。

以上所介绍的,都属于"任务前"的准备。

一切准备停当后,开始进入"任务写作",也便是"任务中"。

自然,在写作之后,教师的修改是必不可少的。这便进入到了"任务后"阶段。教师修改后,可以让学生了解自己的错误在哪里,如汉字错误、语法错误等,学生对这些要有个修正的过程,也就是在修正中继续学习。

修正后,学生将改过的作文再次交给教师,这时我们得到的是一篇连贯的通顺的作文,也便完成了一次完整的"任务学习"——任务前、任务中、任务后。

4.1.2 任务法写作与控制法写作的综合运用

在前面的"任务实施"中，已经提到了为学生提供写作的参考蓝本。尽管本章的题目是"写作能力的拓展训练"，但由于学生依旧处于初级阶段，因而，本章节的所有写作，依旧是在教师的控制下进行的，并非纯自由式、想怎么写就怎么写的写作。

教师在布置给学生写作任务（如写病假条）之后，要通过展示范例，来控制写作的格式规范、控制基本词语句式、控制长度等。在学生的汉语写作常识缺乏、语言知识缺乏的初级阶段，控制法是十分必要的。因此，我们强调任务法与控制法的综合运用，尤其在短期强化的教学框架下，这样的教学方法具有明显的"目的明确""针对性强""收效立竿见影"的优势。

第 4.2 节　训练项目与方法

本节开始，介绍如何采用前面提到的任务法、控制法，以及两者结合的方式，对学生进行写作的训练。

比起第三章的读后写，本章更多地强调自由性写作，在写作内容上，更强调实用性、应用性，也会触及常见的记叙文、说明文、议论文三种基本的文体写作。

对学生的要求，也会有所提高。文字要流畅，表达真情实感，要求文章的主题明确、生动活泼，要求使用学过的语法项目、学过的词语等。

具体的标准，依然是按照前面提及的国家汉办《大纲》对初级学生设定的难度等级来进行。其中语言标准是掌握 600 左右汉语词，功能项目标准是可以写简单的病假条、简单的自我情况说明，可以写自己生活中的小故事（记叙文），写小的介绍性文章（说明文），清楚地表明自己对一件事情的态度等（议论文）。

下面的分类训练便依此进行。

4.2.1 应用文写作

4.2.1.1 便条

（1）便条写作范例

便条是一种简短方便的短信，主要用来把比较简单的事情告诉别人，如留言条、请假条、托事条等。因其短小精悍、传词达意，故在生活中应用范围较广，是我们应该学习和掌握的，它也是与人沟通的重要方式之一。

下面我们看几个便条的范例，注意不同类型的便条的写作格式与内容。

请假条

王老师：您好！

  今天我母亲突然生病了，父亲不在家，我要去医院照顾一下，特请假一天。希望您能同意。

  此致

  祝工作顺利！

您的学生　大卫
2010 年 12 月 5 日

再来看一下小李给小张的留言条。小张去找小李有点儿事，可是小李出去了，小张看见门口有这样一张纸条：

留言条

小张：你好！

  我有急事去外面一会儿，大约二十分钟左右回来，你来后请等我一会儿，我很快就回来。抱歉啊。

小李
2010-11-1 下午 3 点 10 分

小王去找朋友小李，请他帮忙买点儿东西，可是小李没在办公室，于是小王给小李留下了这个小条儿：

李兄：你好！
　　请帮我买一本《中国旅游》，我最近要用，望尽快寄给我。我的地址是：大学路7号楼808房间。谢谢！

王小明
2010-11-1

　　（2）便条写作常识
　　各种便条的写法基本相同。一般在第一行正中写明便条性质，如"请假条"三个字等等。第二行顶格写对收信人的称呼，冒号后加基本问候语如"你好""好久不见"等以示尊重。第三行前边空两格写正文。正文全部写完后要表示致意或者问候，如"祝好""快乐健康""夏安"等。
　　当然，写便条也要看写的对象。便条多数是写给熟悉的朋友或同学的，所以就会依据你们的关系亲密程度随便些，某些客气话就可以省略掉。最后写上你自己的姓名和写的时间。
　　写便条除了要注意格式以外，一定要交代出写的原因、目的、事件缘由。比如请假条，就应该写明为什么请假、请假几天、希望老师批准等内容；留言条也要交代清楚你留言的主要目的是什么，你希望对方做什么等。由于便条篇幅较短，因而写作时要注意言简意赅，不可长篇大论，啰里啰唆。尽可能在较短的语句中，完成自己的表述。
　　（3）便条写作实践
　　下面进入到我们的教学实践中去。教师给出如下几个条件，要求学生写出一个请假条来：感冒，请假两天，希望老师批准。
　　训练时，教师要先讲解基本格式，之后进入学生写作阶段。
　　写好后，可以把写得通顺的、简洁的请假条读给大家听，如：

请假条

田老师：您好！

　　今天我感冒了，有点儿发烧，医生说我应该在家休息两天，所以我跟您请假，希望您能同意。

　　祝您健康快乐！

您的学生　玛丽
2010 年 11 月 5 日

　　之后再来练习写留言条，教师在讲解完基本格式后，让学生给自己的妈妈留言，说今天晚上会跟朋友有个晚会，不在家吃饭了。给出这些限定条件后，学生开始写作。

　　参考范例：

留言条

妈妈：你好！

　　我今天晚上不在家吃晚饭了，因为我们班同学有人过生日，我们有一个晚会。我会在十点左右到家，您放心。

儿子：大卫
2010-11-1 下午 4 点 10 分

　　教师也可以视学生情况，让学生八仙过海、各显神通地写作留言条。

　　参考范例：

留言条

儿子：你好！

　　我今天晚上有点儿事情要加班。晚饭在冰箱里，你加热一下，我会在八点左右到家。

爱你的妈妈
2010 年 11 月 1 日中午

4.2.1.2 通信

（1）通信写作范例

初级阶段的学生，由于词汇量的限制，只适于写作简单的信函。这些信件可以是写给老师的，也可以是写给父母、同学朋友的，还可以是写给求职的公司的。

不同的写作对象，自然写作的语气、用词会有所差别，在格式上也会有所区别。

下面是一封写给父母的信。

亲爱的爸爸妈妈：你们好！

好久没写信了，家里平安吧？

您二老身体怎么样？我总是担心全家人，现在到了换季的时候，很容易感冒，一定要小心！我也得了感冒，但是现在已经好多了。

这儿的生活我觉得还行，老师们对我们很好，我的宿舍也不错。刚来这儿的时候，因为吃的东西不习惯，所以觉得有点儿不适应。可是我想慢慢儿就习惯了！

还有我们现在自己做饭吃，觉得很满足。我觉得在中国学习汉语确实比在美国学习汉语进步快得多。

你们都知道我开始的时候多么想去中国，所以现在虽然学习有点儿吃力，但是我还是一定要努力学习。

我每天7点起床，8点去上课。我在美国的时候常常睡懒觉，可是来中国以后，起床的时间早了一点儿。

上课的内容比在美国学过的要容易一些，但是并不是所有的都知道，还有这儿的老师都是中国人，我特别喜欢她们，她们都很好。

超市离我们这儿有点儿远，可是我的房间里有一个冰箱，所以一去超市就买很多东西回来。

现在我什么问题也没有，你们千万不要担心！我很好。

爸爸、妈妈，我很想你们和我弟弟，还有我们的小狗，还有代我问候别的亲戚，有空儿再写信。

祝

你们身体健康！

你们的女儿：杰西娅

2008 年 10 月 14 日

（2）通信写作常识

根据上面的信的写作情况，我们来介绍一下写信的基本常识。

传统的中文书信的结构，主要由称呼、启词、正文、酬应过渡、祝颂词、签署、日期等七部分组成，相当地循规蹈矩。现代人对酬应过渡已经简化了，更喜欢直接进入主题。但这几部分是一定要有的：对收信人的称呼、简单问候（或曰启词）、正文、签名、写作时间等，大多数人也会加祝语。

下面我们详细地介绍如下：

① 称呼

称呼是写信人对受信人的称呼，主要依据相互间的隶属关系、亲疏关系、尊卑关系、长幼关系等而定。不是很亲密的关系时，一般都用"敬语+称谓"的形式构成首发的称呼。如"尊敬的吴厂长""亲爱的刘主任""尊敬的董事长先生阁下"等；对自己的家人，可以是"亲爱的爸爸妈妈""亲爱的弟弟"等；对同学朋友，语气可以随便些，可以直接称呼名字"大卫""王晓明"或者"小明"等，跟朋友过分客气反而显得关系疏远了，越亲密的人，越不需要特别的客气，这是中国文化很特别的一点。

② 启词

启词是书信的起首语，可有多种表示法。如问候式的"您好""你好""别来无恙"，或者"好久不见"等。

③ 正文

正文是书信的主体，是书信能否达到写信人理想效果的关键。一封信可以专说一件事，也可以兼说数件事。正文在写给经理、同事等时，用词要庄重大方，写给亲人朋友时，可以亲切随意，但都要注意清楚、明了、简洁。

④ 祝颂词

书信的最后，写祝颂词是一般惯例。但现在的年轻人也不一定都采用，主要看你写信的对象是谁。如果是很好的朋友,也不必客气。如果是写给同事、老师、师长等,最好还是有祝颂词,这样更礼貌、更正式。

由于写信人与受信人的关系各有不同,书信内容各有不同,祝颂词的写法便呈多种多样。一般说来,有"此致敬礼""祝万事如意""诚祝生意兴隆""祝工作顺利""祝身体健康""顺祝夏安"等等,都要看你写作的具体情况。

⑤ **签署**

也就是最后要写明是谁在写信。正式的信函,要写写信人的全名,不能只签个姓氏或习惯称呼,如"老王、大卫、小李、张主任、赵经理"等,而要完整地写成"××部经理张小兵""××公司经理王长城"或者"××公司办公室秘书李倩""您的学生王玛丽"等。

今天,许多书信都以计算机制成,但即使已打印了姓名,仍应再以手书签署一遍,这既表信用,亦示诚意。对某些特殊对象,如写给老师,署名后应有具名语,如"谨上"等,以表示对收件者的尊重。

⑥ **日期**

最后,在名字下面,应写明日期。日期明确是应用文写作的基本要素,书信自然不可缺了这一项,这也可以表现出写信人的负责态度,而万一记错日期,也许会因此而引起一些不必要的麻烦。

(3) 写信的注意事项

一般不可用红墨水、红圆珠笔或铅笔写信。用红色的墨水写字,尤其是给别人写信,被认为是不礼貌的,这或许跟古代官府杀人判刑使用红色有关。

在中国,正式的信件、表格等的签署,一般要使用黑色墨水来书写,以表正式与尊重。

(4) 信封的基本格式

在中国国内写信,与在国外往中国写信,格式会有所不同。

在国内写信,如北京的大卫要给上海的玛丽写信,信封可以是这样:

邮编 200001

上海复旦大学国际教育中心　汉语系　二年级二班

　　　　　玛丽　收

　　　　　　100083　北京语言大学　速成学院　高班　大卫寄

在中国写信，信封地址是从大到小，从单位到个人。最后才写收信人的名字。

但要从中国寄往美国，或者从美国寄往中国，信封格式则不同。下面是国际邮件书写格式及信封要求：

寄件人地址姓名应写在信封左上角；

收件人地址姓名应写在信封右下角；

若用英文书写时，按姓名、地名、国名逐行顺序填写，地名、国名用大写字母书写；

若用中文书写，按国名、地名、姓名逐行顺序填写；

寄件人地址如只用中文书写时，必须用法文、英文或寄达国通晓的文字加注中国国名和地名、寄往国家的国名和地名；

若寄往港、澳地区以及日本、韩国的特快邮件封面可以用中文书写。

（5）通信写作实践

前面我们介绍了信的范本、信的基本写作体例、信封的书写格式，下面我们进入写信的实践。

教师要求学生写两封信，一封写给自己的中文老师，谈谈自己学汉语的体会；一封写给自己的朋友，交流下自己近期的生活情况。注意：两封信由于收信人的差别，写的方式、用词也会有正式和随便的差异。

两封信的开头可以分别是这样：

亲爱的王老师：您好！

_____

_____。

祝

工作顺利！

            您的学生 杰森

             年 月 日

写给朋友大卫的可以是：

大卫：好久不见！

_____

_____

_____。

祝

开心!

杰森
年　月　日

4.2.2 不同文体的写作

4.2.2.1 记叙文

（1）什么是记叙文

记叙文是用来描述人和事物的文章。记叙文的6个基本要素是：时间、人物、地点、起因、经过以及结果。但并不是说所有的记叙文都必须完全包括这些。外国学生学汉语初期，可以写得较为简单些。

记叙文以叙述为主，但往往也有描写或者抒情和议论，是把自己的亲身感受和经历通过生动、形象的语言描述出来，是一种形式多样、非常灵活的文体。

（2）记叙文的范畴

记叙文包括的范围很广，如记人记事的小故事、日记、游记等，都属于记叙文的范畴。

外国学生在学汉语的初期，可以写些如《我的老师》《我的一天》等简单的记叙文。也可以把自己的小日记写到作文本子上，记叙一个有意义的事件。也可以是自己某次旅行的简单记述。

（3）记叙文的分类

有着重写人的记叙文，以人物的外貌、语言、动作为主，如《爱踢球的杰森》。

也有着重记事的记叙文，以叙述事情的发生、发展、经过和结果为重点，如《难忘的一件事》。

也可以是绘景的记叙文，以描绘景物、寄托情怀为主，如《春天来了》等等。

记叙文的种类很多，上面说到的是常见的几种。初级阶段的外国学生能掌握这些就基本可以了。

按照写作的顺序，记叙文还可分顺叙、倒叙、插叙三种。顺叙指记叙的时候按照事情发生、发展和结局的顺序来写前因后果；倒叙，指记叙的时候把后发生的事情、结果写在前面，把先发生的事情写在后面。先把结局说出来，吸引读者了解其起因和过程；插叙，指在记叙过程中，需要插入另一些有关的情节，再接着叙述后来的事情。

对学习汉语的外国学生来说，顺叙是应该最先练习的，插叙较难掌握。

（4）记叙文的写作要点

第一，无论记人记事，还是写景状物，一般都要交代明白时间、地点、人物、事件、原因、结果。

第二，每一篇文章都应当有一条统贯全篇的中心线索，否则文章就会松散。

第三，无论用第一人称"我"记述，还是用第三人称"他"记述，都要保持一致。

上面谈到的是基本的要点，其实还有一些，如条理性、逻辑性等。外国学生写作汉语，会受到母语写作水平的制约。用母语写作思路清晰的外国学生，用汉语时，也不会逻辑混乱一团糟。

（5）记叙文的范文示例

下面是一篇简短的写人作文，水平接近初级外国学生，可以从这种最基本的开始练习：

我的妈妈

我的妈妈很漂亮，她有一双大大的眼睛、长长的眉毛和一头美丽的头发。

我的妈妈很勤劳，白天6点起床，中午给我做饭，晚上给我们全家做饭，还要打扫房间。唉，妈妈可真辛苦啊。有时候，妈妈会批评我，但是我都不会生气，因为妈妈批评我是为我好。

我还知道妈妈是爱我的。有一次，我忘了带中文书，妈妈冒着大雨给我送过来了，看着妈妈，我心里真感动。

我爱我的妈妈。

小短文对妈妈进行了外貌的描述，也举了具体的事例来说明妈妈的爱，最后以"我爱我的妈妈"结尾，可以说首尾呼应，观点清晰。

下面是稍难一点的、以顺叙的方式写"动物"的一篇小作文，可以参考一下：

好玩的猴子

放假的第一天,我就拉着妈妈带我去动物园玩。到了动物园时,一群大大小小的猴子吸引住了我的眼球。嘿!你看,猴子全身长着黄毛,一张桃子形的脸上长着一双机灵的大眼睛,毛茸茸的身子下面是短小的四肢,红红的屁股后面拖着一条长尾巴。

它们整天都在玩,你瞧,有的在互相追逐,有的在爬山,还有的在相互捉跳蚤,玩得十分开心。更有趣的是有些猴子"吱吱"地叫个不停,我想,它们可能是在向人们要食物吧!它们的样子真是调皮,可爱极了!

这时,一位阿姨拿出一颗核桃去吸引小猴子。小猴先是装出一副可怜的样子,两眼闪着恳求的目光,望着那位阿姨,阿姨看着这猴子都这样了,就急忙把核桃向小猴子扔去,这时,一只大猴子冲了过来,想来夺核桃,小猴连忙把核桃扔进嘴里转身就拼命逃跑,大猴子为了得到核桃更是追啊追。小猴一会这边,一会那边,那个速度简直比奥运比赛跑得还快呢!太好玩了!

猴子,真是可爱极了,我还想去动物园看猴子。

这里有时间、地点、事件、结果、"我"的态度等等,全文以第一人称"我"写成,集中描写猴子的聪明可爱,也表明了作者对小动物的喜爱。条理清晰,观点鲜明,充满了趣味性。

(6)记叙文的写作实践

教师在介绍完了记叙文基本常识、范文讲解后,进入写作实践。教师要求学生参考前面的两篇小故事,写《我的妈妈》(或者爸爸、爷爷、奶奶、朋友等,总之一个你最熟悉喜欢的人),写作时注意提示学生注意下面的几个要素:

这个人的外貌、动作;

这个人的最主要的故事;

你对这个人的态度以及评价等。

也可以给学生布置一篇关于中国的作文,题目自己选择。下面是一个法国学生关于中国的小作文,可以作为学生写作的参考。

我们是怎么看中国的

中国很大。中国是一个很漂亮的国家。中国有很多旅游胜地,像北京的长城、故宫、天坛,西安的兵马俑,九寨沟的天然公园。这些地方我们大部分都去过。

我们也在中国工作过。我在北京实习了六个月。从今年二月到八月。中国同事很好玩儿。他们每个人在办公室总有一杯茶在手。他们很直接、爽快，不太注意说话方式。比如，一个女同事给其他同事看她的结婚照片，一个人说："在这张照片上你很丑！"在法国，人们从来不说这样的话。如果你觉得她真的很难看，你应该什么都不说。

在法国人眼里，中国人穿衣服很像美国人。他们不分场合总穿美国式的运动鞋、T体恤（我喜欢用真正的汉字）。我觉得这样的衣服不好看，也不雅观。中国人好像很喜欢牌子，他们花很多钱买很贵但是不好看的衣服。他们只是为了牌子花钱。

中国的情人之间很腼腆，他们在公共场合不拉手，不接吻。有时候，他们穿一样的衣服。

对西方人来说，在中国生活不贵，我们可以每天都在饭馆吃饭。有时候，我们能碰到奇怪的东西，但是，总体来说中国饭菜很好吃。我想奶酪、红酒这些在中国很难找到的东西。晚上我们去饭馆吃饭，去酒吧喝酒，然后去跳舞，跟在巴黎一样。不一样的是：在巴黎没有KTV。还有一个不一样的地方是：在中国的街上，有很多人，很多老人和孩子在一起说话。

我们都很喜欢中国，很希望能再到中国工作或生活。

（原载《人民日报·海外版》1998年2月4日七版，有删节）

4.2.2.2 说明文

（1）什么是说明文

所谓说明文，就是以说明为主要表达方式来解说事物、阐明事理而给人以知识的文章。它通过对事物的描写、解释、说明，或对抽象事物的阐释，使人们对事物的状况、形态、构造、性质等或对事理的概念、特点、来源等有所认识，从而获得有关的知识。以说明为主是说明文与其他文体从表达方式上相区别的标志。比如《我的学校》，侧重介绍学校的大小、设施、位置等的小文章，就是说明文。

（2）说明文的范畴

说明文按照表达形式来说，可以包括一般的科技说明文，如《我们的地球》，也包括文艺性的科普读物，如某些借助文学手法写成的以普及科学知识和科学道理为目的的科学小品、科学报告文学、科学幻想小说、科学性质的诗、科学故事、科学童话、科学游记等等。

（3）说明文的分类

按照说明文的表达内容划分，有事物说明文和事理说明文。事物说明文的说明对象是具体事物。如《我们的学校》，通过对其地理位置、形状、特点、布局等做客观而准确地说明，使读者了解、认识这个或这类事物。

事理说明文的说明对象是某个抽象事理。将抽象事理的成因、关系、原理等说清楚，使读者知其然并知其所以然，明白这个事理"为什么是这样"是其主要目的，如《人类的语言》等。

（4）说明文的写作要点

由于上面谈到的说明文的特点，因而说明文在写作上，有自己的独特性。常见的说明方法有：

举例子。比如你要写《人类的语言》，就要大致举出语言的种类，有印欧语、汉藏语等；

列数字。比如你要写《我的学校》，就得介绍校园有多大、有多少教学楼、有多少学生等；

作比较。比如你要写《汉语和英语的差别》，就得把汉语和英语加以比较，突出强调各自的特征；

描摹。描摹事物的外形、性质等，让读者对该事物有个清晰的了解，比如写《我爱吃的草莓》，就可以描摹这种水果的样子等；

下定义。比如写《水》，就要给"水"一个定义，要用简明科学的语言对说明对象的科学事理加以揭示，从而更科学、更本质、更概括地揭示事物的特征；

列图表。说明文也常使用图表，用列图表的方式对事物的特征加以说明，可以使说明更简明更直观，读者更一目了然。如写《中国和美国》，可以比较两个国家的人口、土地面积、经济情况等。

当然，还有引用格言、名句等其他方式，总之，就是各种方式的综合运用，最后完成一篇条理清晰的文章是最终目的。

（5）说明文的范文示例

下面看一篇小说明文，看一下是怎么写的：

我爱吃的草莓

在我爱吃的水果当中，草莓是我的最爱。

草莓原产于南美洲，有2000多个品种。草莓喜欢温暖的天气，不耐寒冷。中国的河北省、山东省和很多南方省市都有草莓的种植。

草莓的果实是球形或椭圆球形。成熟的果实红红的，表面疙疙瘩瘩，吃起来甜酸可口，含有丰富的维生素C，此外还含胡萝卜素、多种维生素等，所以有人管草莓又叫"美容果"。

可以把草莓洗净用小刀切成四块放入盘中，在上面洒上一点白糖，这样吃起来就算是不太熟的草莓，也不会感到很酸了。还可以把切好的草莓和切好的黄瓜、小西红柿放在一起，放入沙拉酱拌好，就成了一道美味的水果沙拉了。

总之，草莓是我非常喜欢吃的水果之一。

文章主要从草莓的产地、外形、吃法等几个方面，对草莓进行了介绍和简单描述，笔墨不多，却也简洁精炼，适合初级阶段留学生拿来模仿写作。

下面是一篇拟人化的科学小品文，鉴赏一下：

水

大家好，我的名字叫作水。在各地的江河、海洋都可以见到我的兄弟姐妹。无色无味是我们的特点。我们在常温下为液体，0℃时会结冰，100℃时沸腾。

水和牛奶不一样，不是白色的。水是无色透明的。有人说水是白色的，如果你这样认为就错了，只要拿水同牛奶比较一下就会明白，牛奶才是白色的，水是什么颜色也没有的。也可以把一根筷子插入牛奶里，我们就看不见它了。再把一根筷子插入清水中，我们能够透过清水看见插入的筷子。

我们的用途可大了，如果没有我们，庄稼、农田都会干枯，更别说人类了。人类生活离不开我们，我们的存在给人类的生活带来了方便。我们可以给人类做许多事情：洗菜、洗手、做饭。

我们是人类的好朋友。

这里主要从"水"的物理特点、水和牛奶的区别、水的用途几个角度来写，简单而清楚。同时使用了拟人化的手法，读起来幽默风趣，摆脱了科技说明文的枯燥单一，不失为一种好的写作方式，适合思维活跃的汉语学习者模仿。

（6）说明文的写作实践

参考上面的小短文，我们可以带领学生进入写作实践。教师根据学生的具体情况，可以给出这样的小题目：《我们的地球》《我们的学校》《我爱吃的一种水果》等。

写作前，给学生一些基本的框架指引。如写《我们的学校》时可以提示学生校园里有几座教学楼、有多大、有足球场吗、有多少学生等。为了增加教学的趣味性，教师甚至可以拍几张校园的图片，展示在 PPT 上，这样避免了闭门造车，也形象生动，更能调动积极性。

4.2.2.3 议论文

（1）什么是议论文

与前面谈到的记叙文、说明文不同，议论文是以议论为主要表达方式，通过摆事实、讲道理，直接表达作者的观点和主张的常用文体，比如这样的题目——《论诚信》。记叙文主要是以形象生动的记叙来间接地表达作者的思想感情的文体，标题可以是《一个诚信的孩子》。说明文则侧重介绍或解释事物的形状、性质、功能等，标题会是《关于我们学校诚信情况的调查分析》。

议论文在阐述自己的思想观点时，更加直接，甚至尖锐犀利。总之，议论文是以理服人，记叙文是以情感人，说明文是给人以知识。

议论文是作者对客观事物进行分析、评论，因此，在写作过程中，通常由论点、论据、论证三部分构成。

（2）议论文的三要素

第一个要素是论点，它是指作者对所议论的问题（事件、现象、人物、观念等）所持的见解和主张，是写作者的观点。议论文一般只有一个中心论点，有的议论文还围绕中心论点提出几个分论点。但在初级阶段，我们教给学生能表明自己主要观点（即提出中心论点）就够了。

中心论点一般出现在文章标题、文章开头、文章结尾等，因此，我们在教学中，一定要告诉学生，作文的题目有多么重要。题目拟好了，你的思想观点便一目了然了。中心论点放在文章开头或结尾也可以，也能突出自己的观点。初级阶段的学生最好学会明确提出论点而不是让读者去归纳，否则，写了满满一大篇，读者也不容易把握他写作的目的。后面我们会具体地分析。

第二个要素就是论据，它是支撑论点的材料，是作者用来证明论点的理由和根据。它可以是事实论据，比如代表性的事例、确凿的数据、可靠的史实等，也可以是理论论据，是为社会普遍承认的理论。

第三个要素是论证，也就是运用论据来证明论点的过程和方法。议论文中的论点和论据是通过论证组织起来的。没有论证，论点和论据就难以衔接，它是论点和论据之间的逻辑关系纽带。论点是解决"观点是什么"，论据是解决"用什么来证明你的观点"，论证是解决"怎样证明你的观点"的。

比如写作《诚信的重要性》，论点已经在标题中了，就是"诚信很重要"，那么论据呢？可以举几个小故事，比如美国总统华盛顿小时候说谎后反省了，成为诚信的、了不起的历史人物；再比如中国南宋时期，在抗金斗争中，当时的皇帝缺乏诚信，陷害忠良，致使丢失大好河山等等。

作者可以借助这些小故事，从正面、反面、多角度地进行论证，以阐明"诚信的重要性"，紧紧扣住主题。

（3）议论文的分类

按照陈述观点的情况，可以分立论文和驳论文两种。

立论文是直接地、正面地阐述自己的见解和主张，同时要用充足的有说服力的论据来证明所提出的论点。

驳论文是不直接提出自己的观点，而是针对对方的观点加以批驳，在批驳的同时阐述自己的观点看法。它的方法主要是驳斥对方的论点和论据，指出对方错误的实质，从而建立自己的论点。

对外国学生来说，议论文已经是很难写的文体了，因而，只要会写很简单的立论文就好，比如《女人跟男人一样聪明》。驳论文到中高级阶段再涉及为宜。

（4）议论文的写作要点

从写作方式上看，有"总论—分论"式，也就是先提出论点，然后分别进行论述。也可以引述一个故事，一段对话，或描写一个场面，再一层一层地从事实中分析出道理，归纳紧扣前面的论点，这种写法叫总分式。

也有"分论—总论"式，即对所要论述的内容先从几个方面剖析，或者把两个不同事物以对立的方式提出来加以比较、对照，然后在层层剖析中，综合归纳出结论。

（5）议论文的范文分析

由于议论文本身便属于较难写的文体，再加上生词、语法、汉字等的制约，外国学生写起来会更觉得十分地困难。因而，我们在此把文章做了简单的处理，在下面的写作实践中，也特意选择比较容易写的一些题目，总之，就是适合初级汉语学习者的水平，不能拔苗助长。

诚信的重要性

我们每个人的生活中，都会遇到"诚信"的问题，诚信对一个人是非常重要的品质。

古代有这样一个故事：一个富商在过河时翻船了，他在水中大声呼喊："谁能救我，我就给他100两金子！"一个善良的渔夫把他救上了岸，可是富商只给了80两，渔夫说你没有诚信，商人见自己已经上来了，就批评渔夫太贪婪了。

第二天，富商又坐船过河，又翻进了水里，他跟昨天一样，在水中喊："谁能救我上岸，我给他100两金子。"曾经救过他的渔夫告诉周围的人，这个富商没有诚信，结果，他被淹死了。

一个不守诺言的人，在关键时刻，不但丢了自己的诚信，也丢了性命。可见，诚信是多么重要的东西啊。

这里，作者先提出了"诚信"对每个人都非常重要的论点，然后讲了个小故事，证明没有诚信是可怕的，是会丢了性命的，通过这个故事，证明了人不能丢失诚信，最后扣住了自己的观点，不失为一篇精炼的小短文。

（6）议论文写作实践

教师在初步介绍了议论文的基本要素、写作方法后，可以设置简单的文章题目让学生写作，比如《女人和男人一样聪明》，也可以模仿上面的文章，写《美国人的诚信观》。

在写作《女人和男人一样聪明》时，引导学生提出论点：女人的平均智商跟男人是一样的，女人也跟男人一样聪明。之后，引导学生想出一些故事来，如杰出的女性人物，如居里夫人、海伦、希拉里·克林顿，等等。最后，证明自己的观点的正确性。

不管学生写作时其他方面怎么样，一定要有自己最根本的东西：论点。随着学生汉语水平的提高，我们再要求他给出充分的论据、严谨的论证等。

第 4.3 节　写作教学中要关注的篇章问题

本章我们主要谈到的是实用性写作以及文体写作，属于初级阶段后期写作能力提升后的训练。学生在写作中，可能会出现写不好求职报告、请假条里有一些病句、记叙文议论文等文体特征不鲜明等问题，这些都需要教师针对具体的问题去予以讲解与纠正。本章是超越单句的训练，因此，本小节我们打算从句群篇章的角度，谈谈写作中容易出现的篇章问题。

由于我们目前的语法教学基本以单句为单位进行，因而，在进入句群、篇章中时，在进行到写作技能训练时，学生常会出现超越单句的这样那样的问题。下面我们就常见的几种问题做些归纳说明，以期引起我们的注意。

4.3.1 篇章中的省略问题

篇章中的省略从功能上说有语篇衔接连贯作用（Halliday, 1976），正是因为小句中的省略，才使得该小句与前一小句衔接紧密，形成了不可切分的连贯语篇。如果每个单句该省略的都不省、小句自己语义自足，那么小句与前面句子的关联性也势必随之减弱。因此，我们说，省略是一种重要的篇章衔接手段。

初级阶段我们认为汉语省略衔接较多的是处于主语宾语位置的 NP（名词性结构。进入中高级后，也会有顶针式省略、兼语位置省略甚至介词宾语位置的 NP 省略等，这些都起到了连缀语篇的作用）。

鉴于本书针对的是初级阶段学生，我们重点谈一下汉语作为第二语言的学习者常遇到的主语、宾语省略问题。

4.3.1.1 主语（含主语前修饰语）省略

这里是学生的几个小作文，描写自己的老师、妻子等，这些省略问题在学生中很有代表性：

<u>他的</u>皮肤不太好，脸上有疤痕。（他的）视力也不好，所以他戴了很厚的眼镜。（他的）眼睛看起来很朦胧。（括号中的文字为笔者认为应省去的。）

再如：

<u>她</u>在家里是个贤惠的妻子，（她）做家务做得好，照顾家人照顾得好，（她）真是里里外外一把手。

下面这个是主语修饰语的省略问题：

前天，<u>我的</u>一个中国朋友给我送来了请柬，请我去参加他的婚礼。今天上午，我按照（我的）朋友给我的地址找到了他家，最先迎接我的是大门上的"囍"字。这个字读什么？还读"喜"吗？我正想着，（我的）朋友迎了出来，热情地和我握手。

从这几个例子可以看出，学生在写作时，追求小句主谓的完整，不敢省略主语以及修饰语，害怕出错误。然而，这种不敢省略，恰恰造成了小句的语义自足、与前面小句的连贯性减弱，削弱了篇章的整体性。这些是我们教写作时要特别讲给学生的。

4.3.1.2 宾语省略

与前面的问题相同，学生对小句中的宾语也经常保留，不知如何省略，尤其担心省略后会出现语法错误等。请看学生小作文中的例子：

外祖母就让母亲学习<u>华道</u>和茶道。可是似乎华道更适合母亲的性格，结婚以后，她继续学（华道）。后来由于生孩子，她的华道工作停止了一段时间。可是不知从什么时候起，她又开始学（华道）了。（注："华道"即"插花"。）

这里反复出现"华道"，拖沓啰唆，尽管单句语义自足了，但反而降低了篇章表达能力。这是因为，句子在进入篇章时，小句已经不再是孤立的个体，而是与前后小句连缀成一体了，我们要考虑的是篇章的整体性、连贯性，而非单一小句的主谓宾齐全等问题。

对这些，教师也要给学生以特别的说明，消除学生的误解以及担心出错的心理。

4.3.2 篇章中的语法问题

谈及篇章中的语法问题，我们需要简单介绍下语篇理论（学界通常的翻译如此，"语篇"含义基本等于我们在这里用的"篇章"，故在此我们对这两个概念不加以区分）。

语篇理论是英国语言学家韩礼德（Halliday）及哈桑（Hasan）等学者综合英国语言学家弗斯（Firth）等人的理论成果而创立的独立的语言学体系。他们主要研究句子在比其更大的语言单位（即语篇）中的功能、地位，及在具体语境中的恰当使用。相对于"句本位"语法，韩礼德提出了"语篇语法"这一概念。也就是说，单句在进入语篇时受上下文的影响，语篇对单句、句式变体的选用不是任意的，句子的语法选择在某种程度上受整个语篇的制约。

像他们这样结合语篇阐述一些语法现象，可以丰富对有限的、人造的、孤立的句子的研究方法。他们的这种理论已为愈来愈多的学者接受，并已应用于英语作为第二语言的教学中。同样，对于作为第二语言进行教学的汉语来说，这种理论思想也具有重要的借鉴意义，比如下面的两个问题，我们来做些基本的分析探讨。

4.3.2.1 "了"的问题

由于我们长期以来一直是"以句为本"教授语法，所以养成了依单句评判其是否合乎语法的习惯。然而，随着教学研究的深入，我们发现，某些单句孤立地看绝对错误，或语义不清，但进入对话或段落中，反倒没什么问题。

比如，按照通常对"了"用法的解释，"他看了球赛"这个句子便不太好，因为宾语过于简单，应该说"他看了一场球赛"。

可是在进入段落时，那个看似不太好的句子却似乎没有什么毛病，如"<u>他看了球赛</u>，又马上接着看体操，一直看到后半夜。"

还有，"昨天他去王府井"，单看也有问题，可是你若将其放在段落中，"<u>昨天他去王府井</u>，买了一双牛皮鞋，才六十多块钱。"非常通顺。

这便是令人头痛的"了"的问题。所以，教师在教授语法、评判作文时，要考虑多给学生提供一些语境，这样才能增加学生进入篇章时使用"了"的准确性。

4.3.2.2 "非……不可"的问题

语法书多将此语法点释为"如果不……就不（行）"，一些汉语教材进一步简化为"一定要"，于是学生在写作时便出现了这样的偏误：

我每天努力学习汉语，每天都来上课，明天也非来上课不可。（学生是要表达"我一定来上课"的意思。）

可是下面这些却是合适的：

他不让我去，我非去不可。

这个字别人签不了，非经理不可。

这是因为"非……不可"对首发小句的预设是"不可以这样"，后续为"偏要这样、必须这样"等义，学生的错误是因为他只考虑了"必须、一定"义，却忽略了首发句并无别人对他的阻止（他们不让我参加，我非参加不可），因而造成了后续小句衔接的错误。

这里我们只举两个语法点的例子，为了说明单句的正确不等于进入篇章时的正确；篇章中通顺的，单用可能却存在问题。教师要树立起篇章语法的概念来进行写作教学。

当然，目前篇章中的语法的研究，尤其是教学语法的研究依然在探讨中，我们也只是给出几个问题来探讨、来抛砖引玉。

4.3.3 篇章中的词汇场问题

写作常常是针对某个具体话题的写作，尤其是初级阶段，以记叙文为主体，多写《我的朋友》《难忘的节日》这样的小文。那么，在写作中，学生是在一个小的范围中选择词汇的，词汇间的语义具有一定关联性，往往存在相互制约、对立或依赖等内在关系，是以一定方式汇集在一起的，会被相互的意义关联安排在一定的组织结构中，这样便形成了一个"词汇场"。如：

一个美国人形容他在中国第一次吃饭的感受，像听交响乐。上完冷盘，他以为这就是全部，他心想中国人块头小，饭量小是可以理解的。后来才知道这只是序曲。热菜一个个上，中间几个大盘子是重要的配角，可以理解为主旋律的几次变奏，最后大菜终于出场。他说中国菜和交响乐的区别在于，他无法准确预测高潮的到来。（《读者》）

这里"交响乐"前后出现两次，中间跨越9个小句，存在相当的距离。这种现象在儿童读物中未曾出现。另外，整个语篇中清楚地贯穿着两个词语衔接标记："吃饭"和"交响乐"，末句又以"中国菜"和"交响乐"与之呼应，中间穿插了词语的语义类聚方式，频现表整体、部分的词语。以图显示就是词语横向、纵向的交互对应：

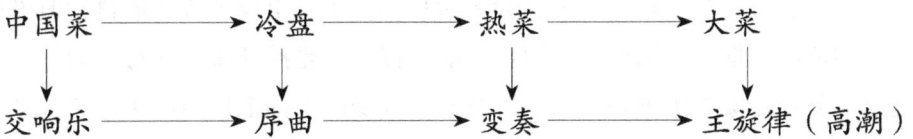

这样的词语组织方式使得文章如同一个立体的网络，而非儿童的平面式、线式铺展，是符合成人认知特点的一种词语组织方式。

而外国学生在词语组织时，却很少能充分挖掘出同一词汇场的词语，经常表现为词语的单调、枯燥、贫乏等。如：

我去年暑假来中国旅游了两个星期，一个星期留在北京，另一个星期去上海旅游。第一天我们旅游得很开心。不知道找旅馆的时间过了，没有房子住。过了一天，我们碰到一个老人，多亏他帮我们的忙，很短的时间内又能到处旅游了。这次旅游虽然很危险，但是很有意思，让我百感交集。

这里反映了留学生的词语组织构建问题，即词语在语篇中的重复性、单一性，这也便是留学生作文显得简单幼稚的词语方面的原因之一：学生缺乏词汇场的构建。比如在这里，跟"旅游"相关的，可以是"游览""参观""逛"等等，学生可以用这些词语来替代前面单一的"旅游"，这样能形成相对丰富的篇章。

综上，在写作中学生表现出的问题是十分立体的，不仅仅是汉字、词汇、语法的问题，也涉及篇章衔接、连贯、词汇语义场、词语的语体风格等诸多因素。因此，也可以说，写作能力是衡量学生汉语综合表述能力的一个最显性的指标，学生写作能力的提高，也是我们教师需要付出更多心血的教学项目。

结 语

　　本书主要探讨的是对外汉语阅读、写作技能的教学法，是针对初级阶段外国学生的教学方法。这里初级阶段的标准为掌握了900个（以下）汉语常用词语（依据国家汉办的《国际汉语教学通用课程大纲》），因此，例句语料的选择尽可能考虑到与学生实际水平贴近，到后面文体写作部分，语料难度有了一定的加强。

　　第一章为本书的写作原则、依据等，对行文的出发点进行了基本的阐释；第二章为阅读技能教学，由于阅读课较写作课开设更为广泛，故行文笔墨更加侧重；第三章建立在第二章基础上，为读后写作，尽管出现了阅读语料，但提供的是写作的范本与框架；第四章为写作技能的提升，是抛开阅读的写作训练。笔者感觉这部分对初级学生很是不易，毕竟学生要受限于词汇量与语法造句水平、篇章衔接连贯水平，只掌握了不到900个词的学生是很难写出十分像样的东西的，只有学生的词汇量上到两三千的中高级水平之后，第四章中所涉及的文体写作等才能焕发出文采，因此，本章笔墨较少，侧重于最基本的介绍与训练。

参考文献

陈福宝，对外汉语语段写作训练简论，《汉语学习》1998年第5期。

陈贤纯，对外汉语教学写作课初探，《语言教学与研究》2003年第5期。

陈作宏，《体验汉语写作教程》，高等教育出版社，2006年。

陈作宏，书面表达训练是有效避免听说能力与读写能力脱节的关键，《民族教育研究》2009年第5期。

邓恩铭，《实用汉语读写课本》，北京语言大学出版社，2003年。

国家汉办，《国际汉语教学通用课程大纲》，外语教学与研究出版社，2008年。

何立荣，浅析留学生汉语写作中的篇章失误，《汉语学习》1999年第1期。

何立荣，《留学生汉语写作进阶》，北京大学出版社，2003年。

姜丽萍，《体验汉语基础教程》，高等教育出版社，2006年。

姜育卉，任务型教学法在大学英语写作课堂的应用，《语文学刊》2006年第6期。

鹿士义，《汉语写作教程》（初级），北京语言大学出版社，2000年。

罗青松，《汉语写作教程》，华语教学出版社，1998年。

罗青松，《对外汉语写作教学研究》，中国社会科学出版社，2002年。

罗青松，美国"21世纪外语学习标准"评析——兼谈"全美中小学中文学习目标"的作用与影响，《世界汉语教学》2006年第1期。

彭志平，《汉语阅读课教学法》，北京语言大学出版社，2007年。

汤晓林，中级汉语快速阅读技巧分析，《语言文字应用》2006年S2期。

田鹏森，论读写教学中信息转换策略的双向功能，《陕西师范大学学报（哲学社会科学版）》1998年第27卷增刊Vol.

田　然，外国学生在中高级阶段口语语段表达现象分析，《汉语学习》1997年第6期。

田　然，语篇对留学生句式选择使用的制约，《海外华文教育》2001年第3期。

田　然，现代汉语叙事语篇中NP的省略，《汉语学习》2003年第6期。

田　然，叙事语篇NP省略的语篇条件与难度级差，《语言教学与研究》2004年第2期。

田　然，语篇中词语的组织方式与语篇难度及词语教学的关系，《云南师范大学学报（对外汉语教学与研究版）》2004年第4期。

田　然,从难度级差概念分析留学生NP省略的习得顺序与偏误,《云南师范大学学报(对外汉语教学与研究版)》2005年第1期。

田　然,留学生限定话题语篇中词汇衔接状况考察,《云南师范大学学报(对外汉语教学与研究版)》2006年第1期。

田　然,叙事语篇中NP省略的研究意义,《云南师范大学学报(对外汉语教学与研究版)》2006年第6期。

王尧美、张学广,图式理论与对外汉语阅读教学,《语言教学与研究》2009年第6期。

王之容,《中文基础读本》上册,北京大学出版社,2004年。

吴　平,从学习策略到对外汉语教学,《汉语学习》1999年第3期。

吴英娟,任务型教学法在写作教学中的注意事项,《现代语文(教学研究)》2008年第9期。

辛　平,对11篇留学生汉语作文中偏误的统计分析及对汉语写作课教学的思考,《汉语学习》2001年第4期。

杨鲁新,输出假设理论:历史与未来——Merrill Swain教授专访,《外研之声》2007年第5期。

姚梅林、赵丽琴,整合性的语言教学艺术——美国学校读写教学概观,《语文建设》2005年第5期。

翟　艳等,《汉语可以这样教——语言技能篇》,商务印书馆,2006年。

张　艳,支架式教学在写作中的有效应用,《语文建设》2009年第10期。

周小兵,对外汉语教学中的速读训练,《汉语学习》1990年第4期。

周小兵,《阶梯汉语 中级阅读2》,华语教学出版社,2004年。

周小兵等,《中级汉语阅读教程1》,北京大学出版社,1999年。

周小兵等,《汉语阅读教学理论与方法》,北京大学出版社,2008年。

朱益华、肖仕琼,外语阅读教学的心理分析,《教学与管理(理论版)》2006年第7期。

Krashen, S. *The Input Hypothesis*. London: Longman, 1984: 2~31.

另有部分语料图片来自于网络,为写作需要进行了一些删改,在此对原作者表示感谢。

后 记

2010年3月,我们作为国家汉办国际汉语教学研究基地的兼职研究人员,在工作之余,参与了基地的建设、项目的设计与书稿的撰写工作。

国际汉语教学的急速发展,迫切需要为汉语教师,特别是即将上岗或从事汉语教学时间不长的非专业汉语教师、汉语志愿者提供理念先进、方法科学的教学法指导用书。我们均有二十多年从事汉语教学的经验,为了完成此任务,又查阅了大量语言教学、习得理论等方面的著作,如言语获得理论、输入输出理论,第二语言教学理论,任务型教学法以及对外汉语教学法等,参照国家汉办研制的《国际汉语教师标准》、《国际汉语能力标准》和《国际汉语教学通用课程大纲》的有关规定,确定了本书的框架和内容。2011年完成初稿,几经修改,现在终于与您见面。

本书在写作中,得到迟兰英院长等基地领导的大力支持。在基地研讨会上,其他组的研究人员也给予了我们无私的帮助,在此一并致谢!

本书也得到北京语言大学出版社的鼎力相助。张健总编辑、徐雁责任编辑为保证本书的质量,精益求精,严格审校,使我们获益良多。

能力有限,书中不当与粗疏之处,文责自负,并敬请读者匡正批评。

翟艳　田然